I0753960

LZK
25457

UNE VISITE

AU

PANTHÉON

PAR

M. BONNEFOY

ANCIEN DOYEN DE SAINTE-GENEVIÈVE

Explication des sujets de peinture et de sculpture

...dresser au gardien du Panthéon

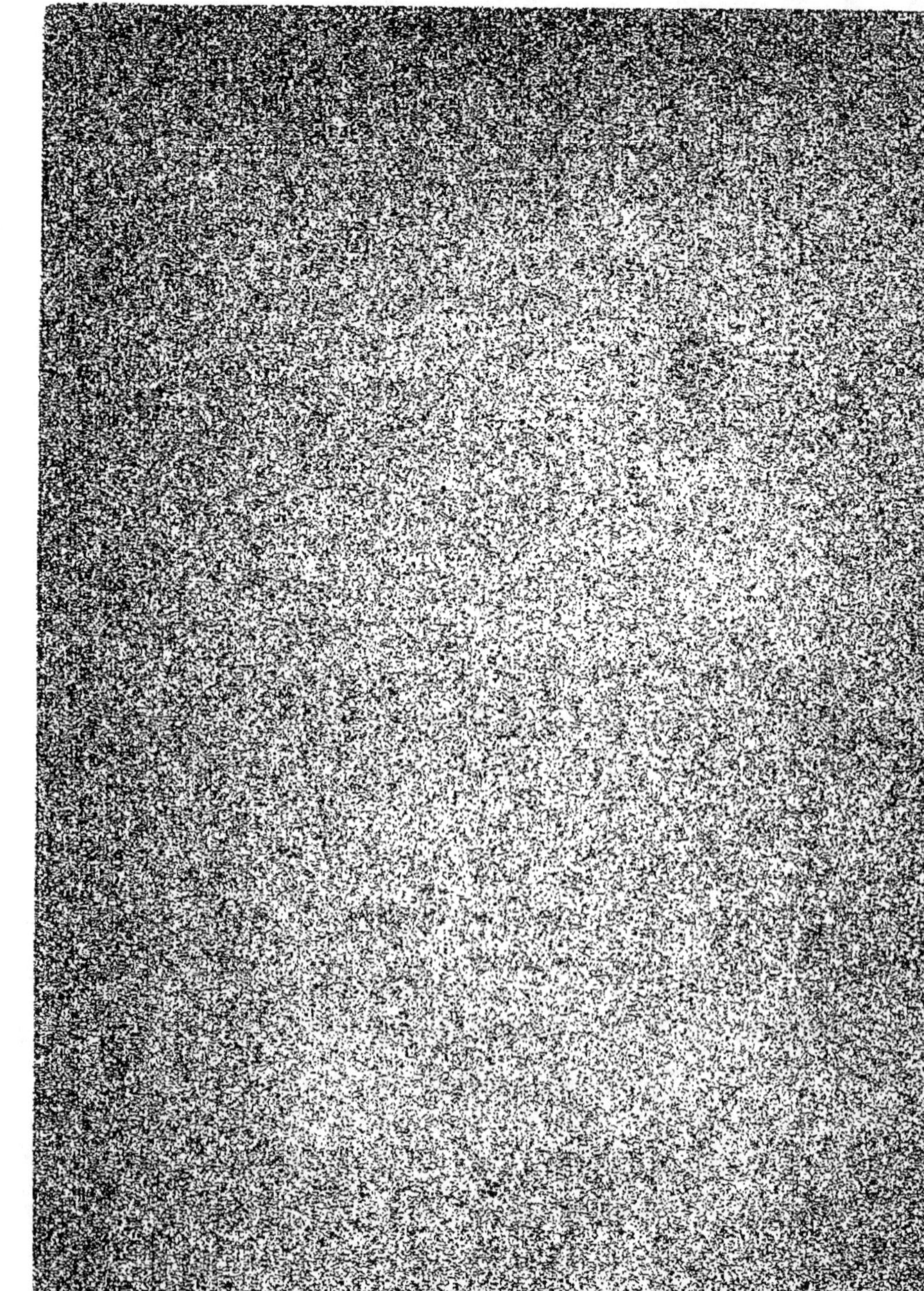

UNE VISITE

AU

PANTHÉON

Explication des sujets de peinture
et de sculpture.

UNE VISITE

AU

PANTHÉON

PAR

M. BONNEFOY

ANCIEN DOYEN DE SAINTE-GENEVIÈVE

Explication des sujets de peinture

et de sculpture

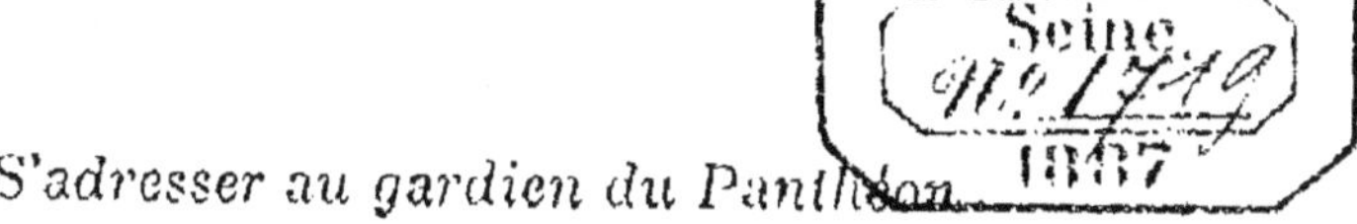

S'adresser au gardien du Panthéon

I

HISTOIRE DE L'ÉGLISE SAINTE-GENEVIÈVE JUSQU'A NOS JOURS, Y COMPRIS LES TEMPS DU SIÈGE ET DE LA COMMUNE

L'église actuelle de Sainte-Geneviève a succédé à l'ancienne basilique de ce nom, toutes deux élevées en l'honneur de la Patronne de Paris.

Nous avons raconté, dans la vie de l'illustre Sainte, comment cette première basilique, construite, en 506, sur les ordres de Clovis, porta d'abord le nom des saints apôtres Pierre et Paul, et comment après que la vierge de Nanterre y eut été inhumée, le peuple s'accoutuma peu à peu à donner à cette église le vocable de Sainte-Geneviève, sous lequel elle a traversé les âges.

Au dix-huitième siècle, des craintes sérieuses s'élevèrent sur la solidité du vieil édifice. Il avait été restauré déjà plusieurs fois, à la suite des incursions des Normands qui y portèrent, comme partout sur leur passage, le ravage et l'incendie; mais de nouvelles et considérables réparations devenaient nécessaires pour conjurer la ruine qui le menaçait; d'ailleurs ses dimensions trop étroites n'étaient plus en rapport, surtout aux jours de solennité, avec l'accroissement de la population.

On conçut donc le projet de remplacer la vieille basilique; l'accomplissement de ce dessein fut hâté par un fait que tous les historiens ont signalé : Louis XV, guéri à Metz d'une fièvre violente, regarda cette guérison inespérée comme le fruit des prières adressées à sainte Geneviève; en témoignage de sa reconnaissance, il ordonna d'élever un monument digne, en tous points, de la Patronne de Paris et de la France.

Divers plans furent proposés : celui de l'architecte Soufflot l'emporta. On choisit pour emplacement le point culminant de la montagne, près de la porte papale, consacrée par le pèlerinage d'Eugène III à l'abbaye de Sainte-Geneviève. Les difficultés que présentèrent les fouilles, ne sont pas sans analogie avec celles qu'on a rencontrées, de nos jours, pour les fondations de l'église du Sacré-Cœur, à Montmartre. Toutefois la crypte et les caveaux étaient terminés en 1763. C'est là que devait être transporté le tombeau de pierre où le corps de sainte Geneviève avait reposé pendant plusieurs siècles.

Nous avons dit, dans notre *Notice historique sur les Reliques de sainte Geneviève*, que les invasions des hordes barbares obligèrent, plusieurs fois, d'exhumer ces reliques pour les soustraire à la profanation et à la ruine, et qu'à la suite d'une de ces invasions, elles furent renfermées dans une châsse; mais le tombeau de la Sainte avait continué d'être entouré de la vénération publique; il fut transporté, en 1802, dans l'église Saint-Étienne du Mont, où il est encore aujourd'hui.

Le 6 septembre 1764, le roi posa lui-même solennellement la première pierre de la partie supérieure de l'édifice. Les travaux continuèrent presque sans interruption, et l'œuvre de Soufflot touchait à son terme, lorsque la révolution, qui venait d'éclater, se l'appropria.

Par une loi du 4 avril 1791, l'Assemblée Constituante décréta que le nouveau temple prendrait le nom de Panthéon, et serait destiné à recevoir les cendres des grands hommes. La croix qui couronnait le dôme fut enlevée. L'inscription du fronton :

D. O. M.

Sub invocatione sanctæ Genovefæ sacrum;

fut remplacée par cette autre :

Aux grands hommes la Patrie reconnaissante!

Les sculptures, qui décoraient déjà l'intérieur et l'extérieur du temple, et qui reproduisaient les épisodes les plus saillants de la vie de sainte Geneviève, furent remplacées par des sculptures d'un tout autre caractère. Sous le péristyle, dans la frise du milieu, on grava ces mots :

Panthéon français, l'an III de la Liberté.

Un Mémoire fut rédigé par ordre de la Constituante, touchant les changements qu'il convenait d'opérer pour adapter le monument à sa nouvelle destination. L'auteur de ce Mémoire, dans le langage emphatique du temps, y félicite le peuple de ce qu'il prend possession de ce temple, « en un moment, dit-il, où tout doit contribuer à renforcer dans l'âme des citoyens toutes les sensations que l'enthousiasme de la liberté fait puiser dans l'amour de la Patrie ».

En conséquence de la loi du 4 avril, et à la suite de décrets successifs qui en réglèrent l'application, les restes de Mirabeau, de Voltaire, de Marat, de Lepelletier Saint-Fargeau et de J.-J. Rousseau furent inhumés dans le monument.

Napoléon Ier, monté sur le trône, rapporta cette loi. Il signa, en février 1806, un décret ordonnant que — « l'église Sainte-Geneviève serait rendue au culte, conformément à l'intention de son fondateur, sous l'invocation de sainte Geneviève, Patronne de Paris ».

On ne lira pas sans intérêt, croyons-nous, l'exposé des motifs par lesquels le rapport qui précède le décret en fait ressortir la légitimité et la justice. « Le plus beau des temples de la capitale », y est-il dit, « enlevé au vœu de la piété au moment où elle allait en jouir, consacré ensuite à une autre destination, laissé enfin désert, sans emploi, sans but, semble s'étonner lui-même d'un tel abandon ; la froide curiosité, en visitant son enceinte, s'afflige de le trouver sans caractère, on pourrait dire sans âme et sans vie. La religion détourne son regard d'un monument dont la majesté ne peut être dignement remplie que par le culte du Très-Haut. »

Ce langage, si chrétien et si français à la fois, n'a rien perdu de sa vérité. Les motifs exposés dans le rapport de 1806 conserveront à jamais leur valeur et leur force; toujours il sera vrai de dire que l'église Sainte-Geneviève, enlevée à sa destination sacrée, sans Dieu, sans prêtres, objet pour la foule de pure curiosité, ne peut être qu'un désert de pierres qui glace l'âme et la remplit d'une profonde tristesse.

Le décret qui rendait au culte l'église Sainte-Geneviève portait en même temps que : « Elle conserverait la destination qui lui avait été donnée par l'Assemblée Constituante, et serait consacrée à la sépulture des grands dignitaires, des grands officiers de l'Empire et de la couronne, des sénateurs, des grands officiers de la Légion d'honneur, et, en vertu de décrets spéciaux, des citoyens qui auraient rendu d'éminents services à la Patrie. »

Il y eut, pendant le premier Empire, un peu plus de quarante personnages inhumés dans les caveaux. Parmi eux se trouvent les cardinaux Caprara et Ersquine, le maréchal Lannes et le ministre Portalis.

Le service du culte avait été confié au chapitre métropolitain de Notre-Dame, augmenté à cet effet de six membres; mais on ne devait, disait l'article Ier du décret, « officier solennellement dans l'église, que le 3 janvier, fête de sainte Geneviève, le 15 août, le jour des Morts, le premier dimanche de décembre, et toutes les fois qu'il y aurait lieu à des inhumations ».

Ce fut sous Louis XVIII, que le monument prit complètement le caractère de temple chrétien. L'inscription du fronton disparut et fut remplacée par celle-ci :

D. O. M.

Sub invocatione sanctæ Genovefæ,
Lud. XV dicavit, Lud. XVIII restituit.

Plus tard, dans une page magistrale qui occupe toute la voûte de la seconde coupole, le baron Gros peignit une sorte d'apothéose de sainte Geneviève, entourée des gloires de la monarchie française.

Une ordonnance du 12 décembre 1821 remit l'église entre les mains de Mgr de Quélen, archevêque de Paris, qui en fit l'ouverture, avec une grande pompe, le 3 janvier suivant; elle resta affectée au culte jusqu'en 1830.

A cette époque, les événements politiques amenèrent de nouvelles vicissitudes pour l'église patronale de Paris; elle fut enlevée, une fois encore, à la religion, et reprit officiellement le nom de Panthéon.

Un décret du 26 août 1830 remit en vigueur la loi portée par la Constituante. Seulement, pour ne plus s'exposer aux inconvénients des décisions précipitées, qui avaient fait passer du Panthéon aux égouts les cendres de plusieurs grands hommes, il était statué que : « les honneurs ne seraient décernés qu'en vertu d'une loi, et dix ans, au moins, après le décès du citoyen qui en serait l'objet ».

La croix qui couronnait le dôme fut abattue; l'inscription du portique reparut :

Aux grands hommes, la Patrie reconnaissante!

On mit de côté les bas-reliefs presque achevés qui devaient retracer, dans le tympan et les encadrements du péristyle, la vie de la Patronne de Paris. David d'Angers les remplaça par des sculptures en harmonie avec la destination profane donnée de nouveau à l'édifice. Les peintures des quatre grands pendentifs du dôme, datent de la même époque.

En 1848, pendant les sanglantes journées de juin, le Panthéon, envahi par les insurgés, soutint un siège en règle contre le général Damesme, commandant de la garde mobile, qui finit par l'emporter. Le monument, pendant quelques jours, servit d'ambulance pour les blessés. Les corps du général Bréa et du capitaine de Mangin, son aide de camp, y furent déposés.

Profanée par ces luttes fratricides, déchirée à l'extérieur par les balles, mutilée à l'intérieur par les boulets qui ne respectèrent même pas la statue de l'Immortalité, l'auguste basilique rentra, pour près de quatre années encore, dans le silence et dans la solitude.

Le 6 décembre 1851, un premier décret du Prince Président rendit à la Patronne de Paris son sanctuaire, et annonça qu'il serait « pris ultérieurement des mesures pour régler l'exercice permanent du culte catholique dans cette église ».

Un second décret, en date du 22 mars 1852, acheva l'œuvre de réparation. De concert avec Mgr Sibour, archevêque de Paris, il fut arrêté que des prêtres, nommés à la suite d'un concours, seraient, sous le titre de Chapelains, chargés du service religieux de l'église Sainte-Geneviève. Ils devaient être au nombre de six, et avoir à leur tête un Doyen. Cet ordre de choses fut modifié temporairement, en 1862, par Mgr le cardinal Morlot; mais une ordonnance de Mgr Darboy le rétablit et le compléta : il continua de fonctionner jusqu'au siège de Paris, en 1870.

Cette année, et l'année 1871 qui suivit, virent se produire, pour l'église Sainte-Geneviève, l'une des phases les plus douloureuses et les plus terribles par lesquelles elle ait passé depuis son origine.

A défaut d'un récit détaillé, que cette simple notice ne comporte pas, nous pensons répondre aux désirs des pèlerins et des visiteurs en retraçant, à grands traits, les événements d'une importance capitale dont la basilique a été le théâtre ou le témoin, en des jours encore si rapprochés de nous.

Le 10 septembre 1870, le gouvernement de la Défense nationale prit l'arrêté suivant : « Par ordre de M. le gouverneur de Paris, et en vertu des pouvoirs que lui donne l'état de siège, les cryptes de l'église de Sainte-

Geneviève seront mises à la disposition de l'artillerie pour y déposer des poudres. Par conséquent, les exercices du culte seront momentanément suspendus... »
Dès le lendemain même, les portes de Sainte-Geneviève se fermèrent au public; le Doyen seul put continuer d'offrir le saint sacrifice dans le temple désert.

Les munitions prirent immédiatement possession des cryptes. En même temps on entoura le monument des précautions les plus minutieuses, et on ne négligea rien de ce qui tendait à prévenir jusqu'à l'ombre d'un accident. Les baies en sous-sol, qui servent de fenêtres aux caveaux, furent murées avec le plus grand soin. On dépava une partie de la place du Panthéon; les grès furent accumulés par manière de contreforts, le long des ouvertures latérales et des portes du péristyle.

Mais cela ne suffisait pas encore.

Les renseignements que nous apportait à toute heure l'histoire de nos désastres faisaient craindre que les obus prussiens ne vinssent frapper le dôme et traverser les coupoles : et, au jugement d'hommes experts, il n'était pas impossible que les projectiles eussent assez de puissance pour effondrer certaines parties des voûtes inférieures, et pénétrer jusqu'aux poudres. Pour parer à ce danger, l'intendance militaire fit déposer dans l'intérieur de l'église une partie des provisions considérables d'avoine qu'elle tenait en réserve; les trois nefs en reçurent près de trente mille sacs. C'est une litière impénétrable aux engins des assiégeants.

Ces dispositions furent approuvées par le gouvernement qui, dans une lettre des premiers jours d'octobre, « remercia le Doyen du concours que celui-ci lui avait prêté pour pourvoir aux nécessités de la défense ».

Le moment *psychologique*, selon une expression célèbre, arriva bientôt. Les horreurs du bombardement s'ajoutèrent à celles de la famine. Les obus tombèrent partout, et Sainte-Geneviève ne fut pas oubliée par l'artillerie prussienne. Des projectiles nombreux éclatèrent dans le voisinage de la grille. Quelques dalles furent brisées, des barres de fer emportées ou tordues. Un obus de gros calibre atteignait le grand dôme du côté de l'ouest, en détacha un moellon qui, frappant à son tour la coupole intérieure, la traversa au point central d'une rosace. Deux autres obus tombèrent sur les combles de la première galerie, endommageant les charpentes, brisant les voûtes de la chapelle de Sainte-Geneviève, et rejetant violemment auprès de l'autel des débris de rosace qui défoncèrent le plancher.

Cependant l'armistice est signé. Les poudres, qui ont été retirées des caveaux depuis quelque temps déjà, sont remplacées, à la vérité, par une quantité considérable de cartouches (environ vingt-deux millions) ; mais ce n'est là qu'une mesure transitoire, commandée par la nécessité impérieuse de sauvegarder des munitions qu'on doit retirer immédiatement des secteurs et des forts : les cartouches doivent disparaître en même temps que les avoines. On peut donc espérer que la basilique jouira bientôt de ses droits, et que, vers la fin de mars au plus tard, le culte religieux y aura repris sa liberté.

C'était compter sans le règne de la Commune.

Dès le 19 mars 1871, les délégués du comité central remplacent les soldats préposés à la garde des munitions, par des gardes nationaux qui leur sont dévoués. Le vendredi 26 mars, les bras de la croix qui domine le fronton sont sciés ; on traite de la même manière la croix qui surmonte le dôme. Il ne reste plus de l'une et de l'autre qu'un mât qui sert de hampe au drapeau rouge. Encore quelques jours, et on en sera réduit à regretter les temps douloureux du siège, où l'union régnait du moins entre les enfants de la grande famille parisienne, et où tous les sentiments se confondaient dans une aversion commune pour l'étranger.

Pendant toute cette triste et lamentable époque, l'église de Sainte-Geneviève resta occupée par les soldats de la Commune. Ils avaient établi leur corps de garde dans la pièce connue sous le nom de *Salon des Évêques*. Cela dura jusqu'au 24 mai. Le soir de ce jour, les fédérés qui avaient, comme en 1848, fait du Panthéon leur quartier général, furent obligés de fuir précipitamment devant l'armée qui arrivait de divers côtés à la fois; le temps leur avait manqué pour mettre à exécution leur projet hautement déclaré d'incendier la basilique.

La lutte terminée, on s'aperçut que l'église avait été atteinte sur plusieurs points. L'artillerie prussienne avait causé moins de dégâts que le second siège de Paris. Les traces des balles sont innombrables; elles s'y rencontrent avec les traces à demi-effacées des balles de juin 1848. On a compté dans les différentes parties de l'édifice la marque de cent dix gros projectiles. Deux ou trois obus ont frappé la lanterne haute, et surtout la corniche de la galerie qui la soutient. Le grand dôme a été attaqué en divers endroits; plusieurs balles ont touché la grande peinture de Gros. Le portail de la façade principale a été fort maltraité; ses portes de bronze étaient traversées; plusieurs chapiteaux des grandes colonnes, brisés, et quelques personnages du tympan portaient de larges blessures.

Tous ces ravages ont été réparés depuis, comme on le verra dans la seconde partie de cette Notice (*Description de l'Église*). Mais, avant même que les travaux considérables et difficiles que nécessitait la restauration de l'édifice fussent entrepris, la croix du fronton était rétablie; les fidèles rentraient dans leur chère église et pouvaient offrir, à l'auguste Patronne de Paris et de la France, leurs reconnaissants hommages; les prédications et les offices reprenaient leur cours, comme s'ils n'eussent jamais été interrompus.

Nous disions, plus haut, que Mgr Darboy avait rétabli, en le complétant, l'ordre de choses primitivement institué par Mgr Sibour. En effet, le décret de 1867 rendait, de nouveau, obligatoires les épreuves d'un concours pour la nomination des Chapelains; leur nombre n'était plus limité, comme précédemment, et un Vice-Doyen était choisi parmi eux.

L'article 4 détermine ainsi leurs fonctions. « Les Chapelains sont institués : 1° pour prier Dieu pour la France et pour les morts qui auront été inhumés dans les caveaux ; 2° pour se livrer à la prédication et aux divers travaux du ministère ecclésiastique que l'Archevêque jugerait opportun de leur confier. » C'est sous l'empire de ce dernier décret que vit et fonctionne l'Institution actuelle de Sainte-Geneviève.

Les Chapelains disent la messe tous les jours, et entendent les confessions des fidèles. Ils prêchent, à tour de rôle, le dimanche, à midi, les dimanche et jeudi soir, à huit heures. Ces prédications sont précédées et suivies de chants exécutés par des artistes de mérite, sous la direction d'un habile maître de chapelle.

A certaines grandes solennités, telles que la Neuvaine de Sainte-Geneviève, l'Octave du Saint-Sacrement, l'Octave des Morts, l'Adoration perpétuelle, etc., les fidèles sont convoqués à des offices plus solennels, à des prédications plus fréquentes. Dans ces circonstances, le Doyen fait quelquefois appel à la parole des orateurs les plus éminents parmi les membres du clergé séculier et des différents ordres religieux.

Les Chapelains eux-mêmes prêtent, avec empressement, leur concours à MM. les Curés de Paris pour les stations de l'Avent et du Carême, pour les retraites de première Communion, etc.

En dehors de ces fonctions apostoliques proprement dites, les Chapelains se livrent à des études personnelles, à des travaux de science ecclésiastique et d'histoire, dont plusieurs ont paru dans le public; ils remplissent les missions que M. le Ministre de l'Instruction Publique et des Cultes veut bien leur confier. Dans les derniers temps, l'un des chapelains était chargé de dresser le Catalogue des manuscrits Arméniens de la Bibliothèque nationale. Aujourd'hui encore, un des prêtres de Sainte-Geneviève fait partie de la Commission d'examen pour les brevets de premier et de second degré; un autre remplit les fonctions de délégué cantonal pour l'instruction primaire du Vme arrondissement, et, à ce titre, assiste aux délibérations du conseil et visite les écoles placées sous sa surveillance.

Nous aurons fini cette histoire de l'Eglise patronale Sainte-Geneviève, quand nous aurons dit qu'elle a donné à la Religion et à la France, pendant les vingt-cinq dernières années, c'est-à-dire depuis l'institution des Chapelains :

4 Evêques ;
1 Auditeur de rote ;
4 Vicaires généraux ;
1 Chanoine de Saint-Denis ;
1 Chanoine titulaire ;
1 Curé de Paris ;
3 Premiers aumôniers de lycée ;
2 Premiers aumôniers de la Maison de la Légion d'honneur ;
3 Aumôniers de l'armée de 1870 et 1871 ;
6 Docteurs ès lettres ;
7 Licenciés ès lettres ;
1 Docteur en droit ;
16 Docteurs en théologie ;
2 Supérieurs de collège ;
9 Professeurs à la Sorbonne, et à d'autres facultés de théologie ou de philosophie ;

Plusieurs membres de l'Institution, enfin, ont été lauréats de l'Académie française, ou de l'Académie des Inscriptions et belles-lettres.

II

DESCRIPTION DE L'ÉGLISE SAINTE-GENEVIÈVE.

L'église Sainte-Geneviève, élevée d'après les dessins de Soufflot, est, sans contredit, l'un des monuments les plus beaux et les plus imposants de Paris. Les traditions de l'art antique, comme on l'a remarqué, s'y font plutôt sentir que le génie inspiré de l'art chrétien ; mais la magnifique simplicité de son plan, ses puissantes façades, le caractère de majesté sereine et d'élégance harmonieuse dont l'intérieur est empreint, en font le représentant le plus pur, le plus noble de l'architecture française, à la fin du dix-huitième siècle.

Dans son ensemble, il présente la forme d'une croix grecque, irrégulière dans deux de ses bras. Les quatre nefs se réunissent à un dôme central que surmonte une lanterne, coiffée elle-même d'une petite coupole. Les quatre nefs devaient, dans le plan primitif, avoir la même longueur; mais les nécessités du culte obligèrent de donner plus d'étendue à celle de l'entrée et à celle du fond.

Une grande grille de fer entoure et protège le monument. Aux extrémités de la face principale de cette grille, deux piédestaux supportent de beaux lampadaires en bronze.

Les abords de la basilique, dégagés déjà, et embellis depuis un certain nombre d'années, sont, aujourd'hui, par suite des travaux récemment exécutés, vraiment dignes de la grandeur et de la majesté de l'édifice. Une belle et large voie, à laquelle on a donné avec raison le nom de la rue Soufflot, conduit en droite ligne du jardin du Luxembourg à la place du Panthéon où s'élève l'Église.

En arrivant sur la place, on voit, à droite, la Mairie

du Ve arrondissement; à gauche, l'École de droit, la Bibliothèque Sainte-Geneviève; un peu plus loin que ce dernier édifice, du même côté, l'église Saint-Etienne du Mont; puis, derrière la basilique même, le lycée Henri IV, avec sa vieille tour de style ogival, enclavée dans les bâtiments, et seul reste de la première église consacrée à la Patronne de Paris.

Nous voici en face de la basilique.

Dans la description que nous entreprenons d'en faire, il nous a semblé que l'ordre le meilleur à suivre était celui-ci : étudier — d'abord, l'extérieur de l'édifice, — ensuite, l'intérieur, — enfin, le dôme et la crypte, qui appartiennent, à la fois, à l'extérieur et à l'intérieur de l'édifice.

Sans nous arrêter à trop de détails techniques, qui seraient d'un médiocre intérêt pour le plus grand nombre des pèlerins et des visiteurs, nous chercherons simplement à rendre, avec exactitude, dans ses lignes générales, la physionomie du monument.

Pour être sûr d'atteindre ce but, nous avons eu recours aux lumières de l'architecte éminent qui, après avoir contribué, par un dévouement aussi intelligent qu'énergique, à sauver Sainte-Geneviève en 1870, a su réparer les dégâts causés à l'édifice par deux sièges successifs, et en effacer les traces, avec une science et une habileté auxquelles tous les juges compétents ont rendu hommage. Nous avons donc prié M. Louvet, architecte du Panthéon, de contrôler la justesse de notre description, particulièrement sur les points qui réclament des connaissances architectoniques spéciales, et il a répondu à notre demande avec une cordialité dont nous sommes heureux de le remercier.

EXTÉRIEUR DE L'ÉGLISE

Façade d'entrée. — La façade d'entrée de l'église repose sur un large perron de 11 degrés. Elle se compose d'un vaste portique de 42 mètres de longueur sur 13 mètres 50 de profondeur, orné de 22 colonnes, d'ordre corinthien, cannelées; la hauteur de ces colonnes est de 20 mètres, et le diamètre de 2 mètres.

Quatre de ces colonnes se relient aux murailles; six, placées en avant-corps, supportent le vaste fronton triangulaire; quatre autres, placées en arrière, prolongent la façade; enfin, celles du premier rang se doublent et se triplent, à l'exception des deux du milieu.

Le porche a trois parties; celle du centre comprend 3 entre-colonnements, et laisse voir la porte principale placée en avant-corps sur le mur du fond.

Les deux parties extrêmes, à droite et à gauche, servent de péristyle aux deux autres entrées de la basilique.

De chaque côté de la porte principale s'élève un groupe, en marbre, de M. Maindron. L'un représente sainte Geneviève arrêtant Attila devant Paris; l'autre, Clovis baptisé par saint Remi.

Le Fronton. — Le fronton, nous l'avons dit, est dû au ciseau de David d'Angers.

L'artiste, s'inspirant de l'inscription placée dans la frise du milieu, a représenté la Patrie, accompagnée de la Liberté et de l'Histoire.

La Patrie, debout sur un autel, distribue des couronnes aux grands hommes. La Liberté, assise à ses pieds, prépare d'autres couronnes, pendant que l'Histoire écrit les noms destinés à devenir immortels.

A droite, un groupe de personnages célèbres, dans l'ordre civil; à gauche, des illustrations militaires; aux deux angles aigus du fronton, des jeunes hommes se livrent à un labeur assidu, afin de conquérir un jour les honneurs réservés à ceux qui ont bien mérité de la Patrie.

Bas-reliefs du péristyle. — Les cadres du péristyle sont occupés par des bas-reliefs en harmonie avec le tympan et exécutés par Nanteuil.

Celui du milieu représente la Patrie tenant, d'une

main, une palme, et de l'autre, montrant le séjour de l'immortalité à un de ses fils qui meurt pour elle; tout près, la Renommée, embouchant la trompette, proclame dans le monde entier ce dévouement héroïque.

Les sujets des quatre autres bas-reliefs plus petits sont : un magistrat, à l'attitude sereine et ferme, en face du misérable qui s'apprête à le frapper; un guerrier refusant la couronne qui lui est décernée pour en faire hommage à la Patrie; — les sciences et les arts honorant le pays par leurs découvertes; enfin, une femme, personnifiant l'intelligence et l'étude, qui promet à de jeunes enfants, conduits par leurs mères, les bienfaits de l'Education Publique.

Les portes. — Trois portes en bronze, œuvre de Destouches, donnent entrée dans le temple. Elles sont montées sur des armatures en fer, et rappellent, par leurs dimensions et leur genre d'ornementation, les portes célèbres du baptistère de San-Giovani, à Florence; leur hauteur est de 8 mètres 20, et leur largeur de 3 mètres 95.

Les côtés. — Cette partie de l'édifice, si puissante d'aspect, n'offre cependant rien de particulier. Ce sont des massifs de pierre, ornementés seulement dans la partie supérieure, et encore avec sobriété. A l'extrémité de chacun des bras de la croix s'appuient deux perrons avec balustrade en pierre, qui donnent accès aux chapelles latérales, par des portes en bronze. Ces portes, au nombre de quatre, ont été exécutées sous les ordres de M. Constant Dufeux; elles sont d'une seule coulée, et méritent de fixer l'attention, autant par leurs belles proportions que par le caractère simple et grand de leur style. Derrière chacune d'elles, à quelques mètres de distance et séparée par une espèce de petit vestibule, se trouve une seconde porte en chêne sculpté à panneaux carrés et ornés de moulures. On rencontre des portes semblables, en chêne sculpté, derrière chacune des portes latérales de la façade d'entrée.

Façade de derrière.— Cette façade donne sur la rue Clotilde, en face des bâtiments du lycée Henri IV, où nous avons signalé la vieille tour qui porte également le nom de Clotilde. Elle offre un vestibule à terrasse, orné de dix pilastres reliés par une grille en fer. C'est au-dessous de ce vestibule, placé en avant du monument, que se trouve le grand escalier double qui conduit à la crypte.

INTÉRIEUR

L'église Sainte-Geneviève, nous l'avons dit, affecte la forme d'une croix grecque, irrégulière dans deux de ses côtés, et offre, par conséquent, quatre nefs qui se réunissent à un point central.

Nous allons décrire chacune de ces nefs.

Nef d'entrée. — Cette nef, à laquelle donnent accès les portes de la façade principale, se divise en deux parties.

La première constitue une sorte d'atrium intérieur; elle est disposée en arcades, et contient trois tribunes dont l'une est destinée à recevoir l'orgue. Le milieu des arcades forme une voûte ovale soutenue par quatre pendentifs. On remarque, au centre de cette voûte, un triangle entouré de rayons; les pendentifs ont pour ornements principaux un aigle, un coq, un cygne et un pélican.

La seconde partie de la nef d'entrée, ou la nef proprement dite, s'étend jusqu'au point central du dôme, elle est dallée en marbre blanc et noir; il en est de même des autres nefs jusqu'au dôme, qui est pavé d'une manière différente et offre une rosace des plus remarquables.

De chaque côté, douze colonnes isolées, et répétées le long des murs par quatorze colonnes engagées, forment un péristyle qui est exhaussé de cinq marches.

Ces colonnes cannelées, d'ordre corinthien, sont hautes de 13 mètres 25 et ont 1 mètre 20 de diamètre.

Dans le plan de Soufflot, les murs, où s'appuient les colonnes engagées, avaient des fenêtres, qui furent supprimées, sous l'Assemblée Constituante, afin de donner au temple un caractère plus sombre et plus digne d'une nécropole.

Les plafonds des péristyles, portant sur les architraves qui réunissent les colonnes, sont divisés en compartiments carrés qui offrent alternativement, au milieu, des ronds et des losanges. Des tribunes, s'appuyant sur quatre colonnes placées en avant des autres, s'étendent le long de chaque côté de la nef; on arrive à ces tribunes par deux escaliers situés de chaque côté de la porte principale d'entrée. Des bancs-d'œuvre s'adossent à droite et à gauche, aux gros piliers du dôme; aux deux piliers opposés se trouvent, d'un côté, la chaire, de l'autre, le banc qu'occupent les chapelains pendant les prédications.

Nef du fond. — Cette nef, en face de la précédente, est séparée d'elle par le dôme auquel elle vient également se relier. Elle commence à la grille, en fer poli et à ornements dorés, qui sert de Table Sainte pour la communion des fidèles. Quatre marches conduisent au chœur; celui-ci est renfermé entre deux rangs de stalles au nombre de quarante (vingt de chaque côté). Ces stalles, dont l'effet décoratif est médiocre, sont destinées au Chapitre de Sainte-Geneviève et au clergé assistant. Le monument gagnerait à ce que cet encadrement du chœur fût remplacé par une grille qui permettrait au regard de percevoir, dans presque toute leur hauteur et leurs belles proportions, les colonnes sur lesquelles la grille d'enceinte serait, pour ainsi dire, appuyée. La partie inférieure de la grille servirait elle-même d'appui aux nouvelles stalles qui devraient, dans ce cas, être beaucoup moins hautes et beaucoup plus dégagées.

A l'extrémité du chœur, s'élève le maître-autel, exhaussé encore de trois marches. Le soubassement sur lequel il repose est en cuivre doré, et représente Jésus-Christ dans le tombeau. Derrière le maître-autel, la nef se prolonge et constitue une abside où, à l'origine, devait être dressé l'autel principal; cet emplacement est occupé actuellement par un orgue et par l'estrade où se tient le chœur de musique pendant les offices.

A la droite de l'abside, une large et belle salle, de forme à peu près circulaire, sert de sacristie; les boiseries en chêne, à panneaux de citronnier, qui la décorent, datent de la Restauration. On attribue un certain mérite artistique au calorifère de bronze doré qui occupe le centre de la pièce.

Du côté opposé à la sacristie, une autre pièce, de forme et de dimensions tout à fait semblables, est désignée sous le nom de Salon des Evêques; elle renferme quatre niches, séparées par des colonnes en marbre, et restées inoccupées jusqu'à ce jour. Au-dessus de la porte est une horloge de Wagner.

Ces deux salles devaient, dans la pensée de Soufflot, être surmontées de deux campaniles où les cloches, nécessaires à un temple catholique, eussent trouvé place.

Les deux nefs de côté. — Ces deux nefs sont formées par les bras de la croix, à droite et à gauche du dôme où elles viennent aboutir comme les précédentes. Elles offrent les mêmes dispositions et la même architecture; elles reproduisent les mêmes voûtes et les mêmes ornements que la première nef que nous avons décrite; il n'y a de différence que dans le nombre des colonnes isolées qui est de quatorze, et dans le nombre des colonnes engagées qui est de dix-huit. Elles sont connues sous le nom de : Chapelle de la Sainte-Vierge et Chapelle de Sainte-Geneviève.

Dans cette dernière, à droite de l'autel, se trouve la châsse qui renferme les reliques de la Patronne de Paris. Nous renvoyons, pour les détails concernant les reliques, à la *Notice historique* que nous avons publiée sur ce point (1). Nous nous bornons à faire remarquer que l'architecte, chargé en 1852 d'approprier l'édifice au

(1) *Vie de sainte Geneviève*, suivie d'une *Notice historique sur le culte et les Reliques de la Sainte jusqu'à nos jours*. Chez les mêmes éditeurs et à la porte de l'église.

culte, a cherché à faire revivre, dans l'autel actuel de cette chapelle, la forme de l'ancien autel; il l'a entouré de quatre colonnes qui sont surmontées de quatre jeunes vierges, tenant d'une main un flambeau, et de l'autre supportant une châsse entr'ouverte.

Un prêtre chargé de la garde de la châsse reçoit les pèlerins qui veulent faire toucher aux saintes reliques des médailles, des chapelets et autres objets. Il inscrit les intentions des messes que les fidèles désirent faire célébrer à Sainte-Geneviève.

Il n'est pas inutile d'ajouter que, malgré les vastes proportions de l'édifice, et malgré la hauteur du dôme, on est parvenu à chauffer Sainte-Geneviève d'une manière fort satisfaisante. C'est la Compagnie des calorifères Gurney qui a résolu le problème. Le témoignage de M. Constant Dufeux, alors architecte de l'église, ne laisse, à ce sujet, aucun doute. — « Après avoir, » dit-il dans son rapport, « repoussé longtemps l'établissement de ce chauffage, je reconnais que la Compagnie Gurney a complètement rempli ses obligations et ses promesses. Les appareils, répartis sur trois points, sont cachés derrière les tambours de trois entrées inutiles; les serpentins et tuyaux, conducteurs de la fumée, sont également dissimulés dans ces tambours et dans les cages d'escalier; et bien que ces appareils soient inaperçus, on a obtenu, sans effort et à volonté, 10 et 12 degrés. Un canal circulaire intérieur, constamment rempli d'eau, empêche, par son évaporation lente et régulière, le rougissement des surfaces de chauffes, et restitue à l'air chauffé une partie très notable de son principe humide... Tous les résultats ont donc été, comme je me plais à le reconnaître, on ne peut plus satisfaisants. »

La crypte. — On peut dire, avec vérité, que c'est là un second temple, digne, à tous égards, de la Basilique qui repose sur lui comme sur d'impérissables assises.

Un double escalier conduit aux grandes portes de bronze qui y donnent accès. De gros piliers carrés, adossés aux murailles, des colonnes toscanes, accouplées et sans base, servent à la fois d'ornement à la crypte et de support à l'église supérieure qui s'élève à 6 mètres au-dessus.

Le modèle complet du monument réduit au vingt-cinquième, et exécuté en pierre par Rondelet, l'ami et le collaborateur de Soufflot, a été placé au bout d'une des galeries, où on peut l'examiner de près. A quelque distance, une autre galerie présente le phénomène d'un des échos les plus curieux et les plus puissants qu'on connaisse.

Des gardiens, chargés d'accompagner les visiteurs, leur donnent les explications nécessaires sur ces particularités, et leur montrent, en détail, les caveaux, où ont été inhumés un certain nombre de personnages.

Le dôme. — Au point d'intersection des quatre nefs, à 57 mètres environ du sol, s'élève le dôme, soutenu par quatre piliers quadrangulaires qui, à l'intérieur, forment quatre pans coupés, ornés de pilastres en harmonie de proportions et de décoration avec les colonnes des nefs. Ces piliers se rattachent les uns aux autres par quatre grands arcs et quatre pendentifs, et sont couronnés par un entablement complet. Au-dessus de cet entablement, seize colonnes corinthiennes, de 10 mètres 80 centimètres de hauteur, reposent sur ce que les hommes de l'art appellent un stylobate, c'est-à-dire, une espèce de piédestal continu, placé sous un rang de colonnes Dans les entre-colonnements, douze fenêtres quadrangulaires éclairent cette partie centrale du temple; quatre autres fenêtres sont seulement simulées.

L'entablement de cette colonnade intérieure supporte un grand socle qui sert de base à la première coupole, sculptée en caissons avec rosaces. Celle-ci mesure 28 mètres 14 centimètres de diamètre, et présente, dans sa partie centrale, une large ouverture d'environ 10 mètres, à travers laquelle on aperçoit une seconde coupole, éclairée par des croisées cintrées qui ne sont visibles qu'à l'extérieur de l'édifice. C'est sous la voûte de cette coupole que le baron Gros a peint l'Apothéose de sainte Geneviève. Les figures colossales ont 5 mètres de proportions.

Au-dessus de cette deuxième coupole s'en trouve une troisième, de forme ovoïde, couronnée elle-même par une lanterne.

Ces trois coupoles superposées sont toutes en pierre; on en estime le poids, ou plutôt celui du dôme entier, à près de onze millions de kilogrammes. On ne s'étonnera pas qu'une masse si énorme ait pu produire, pendant la construction, un tassement, dont on trouve, près du dôme, la trace irrécusable dans l'inclinaison de la ligne des architraves intérieures. Soufflot voulait, pour l'édifice qu'il avait conçu, une exécution parfaite, et ce désir l'a poussé à amoindrir les joints des assises, en les démaigrissant à l'intérieur, selon le langage des architectes. Il en est résulté que la lourde charge, imposée aux piliers qui soutiennent le dôme, a surtout pesé sur les arêtes de ces assises; des éclats ont eu lieu; et, par suite, l'écrasement s'est produit.

Rondelet, successeur de Soufflot, a trouvé le moyen, par des travaux supplémentaires et des adjonctions de surfaces portantes nouvelles, comme disent encore les hommes de l'art, de remédier au mal avec le plus entier succès. Depuis cet intelligent et habile travail, le monument est devenu d'une solidité à toute épreuve.

Le public est admis à monter au dôme, comme il l'est à parcourir les caveaux. Les gardiens se tiennent à la disposition des visiteurs, pour ouvrir la porte de l'escalier qui conduit jusqu'au sommet de l'édifice; on y arrive après avoir franchi 425 marches, dont la première est au niveau des Tours de Notre-Dame. Le trajet qui sépare ces deux termes extrêmes offre, d'ailleurs, le plus vif intérêt.

D'un côté, le visiteur est frappé des hardiesses et des grâces tout ensemble de la construction; les différents aspects du monument apparaissent d'une manière plus complète; ce n'est vraiment qu'au moyen de cette ascension, soit en pénétrant dans l'intérieur même des coupoles par les ouvertures qui y sont ménagées, soit en parcourant les cours suspendues et la colonnade corinthienne qui entourent le dôme, qu'on arrive à comprendre toute la grandeur et toute la beauté du chef-d'œuvre de Soufflot.

D'un autre côté, à mesure qu'on approche du sommet, lorsqu'on est arrivé surtout au balcon circulaire qui enserre la petite coupole, on a sous les yeux l'un des plus magnifiques spectacles qui soient au monde : celui de Paris, vu dans son entier, et de toute la campagne avoisinante, à plusieurs lieues d'étendue.

Comme couronnement de l'édifice, au-dessus de la lanterne, à 82 mètres du sol, s'élève la croix qui apparaît de loin aux regards, comme un symbole de consolation et d'espérance. Elle a 7 mètres de hauteur, y compris la base. Le socle et la boule dorée qui le surmonte comptent 3 mètres; il reste, par conséquent, 4 mètres pour la croix proprement dite. Le bras horizontal a 2 mètres de longueur, sur 22 centimètres d'épaisseur. L'armature intérieure est entièrement en fer. L'enveloppe et le socle sont formés de feuilles de tôle d'une épaisseur de 3 millimètres. On a placé des échelons en fer sur le montant vertical, afin que les ouvriers, chargés d'illuminer, puissent arriver sans péril jusqu'au sommet. Des clous rivés sont fixés sur la tôle et destinés à recevoir les lanternes.

Le socle, la boule dorée et la croix, forment un poids de 1,500 kilogrammes.

III

EXPLICATION DES SUJETS DE PEINTURE ET DE SCULPTURE

L'église de Sainte-Geneviève ne possédait, jusqu'à ces dernières années, en fait de peintures, que les fresques qui recouvrent la voûte de la seconde coupole du dôme, et les allégories qui décorent les pendentifs. — Les premières, du baron Gros, représentent l'*Apothéose de sainte Geneviève*; les secondes, commencées par le baron Gérard et terminées par un de ses élèves, ont pour sujet : la *Justice*, la *Mort*, la *Patrie* et la *Gloire*.

Nous ne parlons pas d'une troisième peinture assez grossière qui, jusqu'à ces derniers temps, a occupé derrière le maître-autel, la partie supérieure de l'abside, et qui représentait le *Christ bénissant, entre saint Pierre et saint Germain à droite, saint Paul et sainte Geneviève à gauche.* Cette toile, que les *Guides* appelaient, à tort, une peinture à fresque, vient d'être enlevée pour faire place au beau travail en mosaïque dont nous parlerons plus loin.

Il avait été question, à plusieurs reprises, de faire exécuter à Sainte-Geneviève des travaux de peinture et de sculpture qui, en tempérant la nudité des murailles, compléteraient la décoration du monument; mais aucun des projets élaborés n'avaient pu aboutir. Il était réservé au directeur actuel des Beaux-Arts, de reprendre cette grande pensée et de la mener à bien. En réalisant un pareil dessein, M. de Chennevières s'est créé des titres durables à la reconnaissance du pays et de l'art, et il a attaché son nom à l'œuvre immortelle de Soufflot.

Avant d'entrer dans le détail des travaux dont plusieurs parties sont déjà achevées, et d'autres sont en voie d'exécution, nous devons faire connaître, d'après les documents officiels, comment l'initiateur de cette grande œuvre en a compris la réalisation.

Le 6 mars 1874, M. de Chennevières, dans un très remarquable rapport, proposa au ministre de l'Instruction Publique et des Beaux-Arts, « de confier. à quelques-uns de nos peintres et de nos sculpteurs les plus éprouvés, la décoration de la basilique nationale de Sainte-Geneviève, décoration où la légende de la Patronne de Paris se combinerait avec l'histoire religieuse de la France ».

A ce rapport, approuvé par le ministre, en succéda, le 7 mai suivant, un second où le Directeur des Beaux-Arts s'exprimait ainsi :

« Je me suis appliqué, Monsieur le Ministre, à étudier, avec M. Louvet, architecte de Sainte-Geneviève, les plus sages conditions d'exécution du projet que vous avez bien voulu approuver, et nous avons reconnu que, pour le mettre d'accord avec la grandeur et l'unité vraiment admirables du monument, il convenait de morceler le moins possible l'ensemble des travaux, et de confier à un seul artiste chacune des parois de la croix dont il affecte la forme.

« Ce n'est pas que le système régulier de colonnes engagées qui règne sans intermittence, à intervales rapprochés et étroits, autour de l'édifice, n'offrit de graves difficultés à vaincre; mais j'ai proposé à M. l'architecte, qui a bien voulu accepter ma solution, de faire passer ces compositions par une sorte d'illusion de perspective, à l'arrière des colonnes, ce qui a permis de prolonger chacune des compositions dans trois entre-colonnements. Le quatrième entre-colonnement de chaque paroi, isolé de l'axe principal, tout en restant livré à la même main d'artiste, sera le cadre d'un sujet spécial.

« Étant donné le thème accepté par vous, Monsieur le

Ministre, l'ordonnance générale des sujets à traiter découlait assez logiquement d'elle-même; et je n'ai eu qu'à invoquer le bon aide de M. Bonnefoy, Doyen de Sainte-Geneviève, pour obtenir de lui, dans le sens qu'il m'avait suffi de lui indiquer, toute une série de motifs entre lesquels nous n'avons eu qu'à choisir...

« M. l'architecte m'a fait observer avec raison que les piliers qui supportent la coupole et la nef, de même que les parois intérieures des murs à droite et à gauche de la porte principale, ne pourraient, sous peine d'être diminués dans leur aspect solide, être couverts de peintures et que de grandes figures sculptées y seraient plus convenablement adossées. J'ai cru que les statues des grands patrons, des grands docteurs et des saints les plus populaires de l'Eglise de France, rempliraient dignement ces places, et, sur les indications de M. le Doyen de Sainte-Geneviève, j'ai fait mon choix. »

Le rapport concluait :

« Si vous approuvez, Monsieur le Ministre, l'ordonnance générale et le plan de cette vaste entreprise, j'ai la ferme conviction, basée sur leurs œuvres déjà renommées, que les artistes dont je vous ai soumis la liste feront honneur à votre confiance. Vous leur aurez ouvert un large concours, mémorable peut-être, utile, en tout cas, à l'émulation de la génération actuelle, et où, surexcités par la solennité du monument et par le but national de l'œuvre, ils n'épargneront, à coup sûr, ni leurs forces ni leur courage. »

Ce second rapport reçut, comme le premier, l'approbation de M. de Fourtou, Ministre de l'Instruction Publique et des Beaux-Arts, et les travaux commencèrent sans retard.

Nous allons maintenant faire l'exposé des sujets de peinture et de sculpture, soumis à l'approbation ministérielle, et que le Corps Législatif a, plus tard, approuvés à son tour, sur la proposition de M. Waddington, successeur de M. de Fourtou.

Nous diviserons cet exposé en deux sections.

Dans la première section, nous résumerons le programme général des travaux qui ont été résolus; nous indiquerons le titre des sujets à traiter, la place assignée à chacun, le nom des artistes éminents à qui ils ont été confiés.

Dans la seconde section, nous donnerons l'explication détaillée de chaque sujet déjà mis en place, des sujets même non terminés encore, mais à la veille de l'être.

Il nous sera permis d'ajouter que cette explication, faite de concert avec les artistes, rendra avec fidélité la pensée qui a présidé à chacune de ces grandes compositions.

1°. — PROGRAMME GÉNÉRAL.

Les peintures et les sculptures qui doivent décorer l'église Patronale de Paris, sont destinées à reproduire, à grands traits, l'Histoire religieuse et nationale de la France; nous dirions, s'il nous était permis de parler ainsi : *l'Histoire Religioso-Nationale de la France*. La réunion de ces deux mots nous paraît seule, en effet, exprimer d'une manière complète et précise la pensée générale qui a présidé à l'élaboration de ce programme. Tous les sujets traités, tous les personnages représentés seront marqués du double sceau du Christ et de la France.

La nature même de l'édifice semble réclamer qu'il en soit ainsi. L'église de Sainte-Geneviève est, en effet, à la fois, un temple catholique et un monument national : c'est lui conserver ce double caractère que d'écrire sur ses murailles, à l'aide de la palette et du ciseau, les grandes œuvres qu'ont accomplies nos ancêtres, sous le double nom, confondu dans leur personne, de chrétien et de Français.

Nous parlerons d'abord des peintures, ensuite des sculptures.

PEINTURES

Les peintures se divisent en cinq parties : — celles de l'abside, — celles de la grande nef, — celles des deux bras de la croix, — celles des chapelles de la Sainte-Vierge et de Sainte-Geneviève, — celles du bas de l'église, comprenant deux panneaux avec archivolte.

Il faut ajouter que les peintures de la grande nef et du bras de la croix se diviseront elle-même en deux parties, séparées par le bandeau général qui coupe les parois aux deux tiers de leur hauteur.

La partie inférieure sera consacée aux grandes compositions dont nous allons indiquer les sujets; la zone supérieure comprendra, en suivant l'ordre des siècles, les personnages dont le nom et la vie appartient tout ensemble à la religion et au pays, et qui complètent ainsi, dans la variété de leurs caractères respectifs et de leurs œuvres, l'*Histoire Religioso-Nationale de la France.*

Peintures de l'abside, confiées à M. Hébert. — Les compositions de l'abside sont le point de départ, et comme le prologue de cette grande histoire.

Le sujet a été proposé ainsi : *Jésus-Christ montre à l'Ange de la France les grandes destinées du peuple dont il lui confie la garde* (1). Une épigraphe, disposée comme l'entendra l'artiste, complètera la donnée du sujet.

Ces compositions seront exécutées en mosaïque. Ce genre de décoration, très usité en Italie, surtout au moyen âge, n'avait jamais été appliqué en France, avant ces dernières années, et il n'en existe aujourd'hui qu'un seul spécimen dans un des grands monuments de Paris. Les mosaïques de Sainte-Geneviève seront au nombre de cinq. Elles comprendront :

1° Deux tableaux, dans la partie basse, à droite et à gauche du buffet d'orgue;

2° Une grande frise divisée en trois compartiments, que séparent des pilastres; cette frise est placée au-dessus des deux tableaux précédents; elle occupe l'espace compris entre le bandeau intermédiaire coupé par les pilastres et l'astragale des chapiteaux corinthiens;

3° Trois panneaux d'ornement entre les chapiteaux;

4° L'ornement d'ensemble de la partie en attique, au-dessus de la corniche; c'est au centre de cette partie que se trouvera l'inscription dont nous avons parlé;

5° Enfin, dans la voûte sphérique, une grande composition entourée d'ornements également en mosaïque.

(1) Ainsi que nous l'annonçons plus haut, l'explication détaillée de chaque composition est renvoyée à la fin de cette notice. Voyez, pour l'explication détaillée des peintures de l'abside, p. 41.

Cette grande composition sera exécutée la première; elle a dû être précédée de divers travaux préparatoires. En effet, la voûte de l'abside de Sainte-Geneviève est ornée de caissons qu'on ne pouvait songer à détruire. Il est, dès lors, devenu nécessaire de construire une seconde voûte, au-devant des caissons. Cette seconde voûte est composée de fers de peu d'épaisseur s'entre-croisant et reliés entre eux par des fils de fer de 4 à 5 millimètres, qui forment treillis; les carrés de treillis ont de 10 à 12 centimètres de côté. Le remplissage a été fait en fragments de tuiles de Bourgogne, hourdées en ciment. C'est là comme une première mosaïque sur laquelle s'appliquera la mosaïque définitive. Le tout n'aura environ que 5 à 6 centimètres d'épaisseur.

Les autres travaux de décoration seront exécutés directement sur la muraille, sans préparation particulière.

La grande composition de la voûte, ainsi que la frise et les tableaux inférieurs, recevront un fond d'or; et comme la forme sphérique se prête fort naturellement aux jeux de lumière et d'ombre, on estime que l'ensemble de ce beau travail devra produire, dès l'entrée de l'édifice, l'effet le plus grandiose et le plus saisissant. L'œuvre est commencée déjà depuis un certain temps, et elle est en bonne voie d'exécution.

Peintures de la grande nef. — Ces peintures sont consacrées exclusivement à sainte Geneviève.

Le monument n'a-t-il pas été élevé pour rendre honneur à l'illustre Vierge et pour abriter ses restes sacrés? N'est-elle pas là, dans son temple, même au milieu des plus grandes figures historiques? Dès lors, n'était-il pas juste de lui réserver, dans la Basilique qui porte son nom, une place considérable qui permît de représenter, au moins, les principales phases de cette vie merveilleuse, où se rencontre si heureusement le double caractère du patriotisme et de la sainteté? — Ce sera là aussi l'objet des compositions qui occupent déjà, en partie, et qui occuperont bientôt complétement les panneaux inférieurs des murailles de la grande nef.

Ces compositions seront au nombre de quatre. Deux d'entre elles reproduisent les premières et les dernières années de la vierge de Nanterre, le commencement et la fin de sa carrière ; les deux autres mettent en relief les deux grands actes accomplis par la Sainte entre ces deux termes extrêmes, et qui résument le mieux son amour et son dévouement pour sa chère ville de Paris.

Il convient de rappeler ici, après M. le Directeur des Beaux-Arts, que, par suite de la disposition des entre-colonnements de chaque paroi, dont trois forment un tout, et dont le quatrième reste isolé de l'axe principal, chacune des grandes compositions est complétée par une composition accessoire qui occupe ce quatrième entre-colonnement.

— Peintures de la grande nef, a droite en entrant dans l'église, confiées à M. Puvis de Chavannes : — *La jeunesse et la vie pastorale de sainte Geneviève* (voyez l'explic. détaillée, p. 42).

— Peintures de la grande nef, a gauche en entrant dans l'église, confiées à M. Delaunay : — *Sainte Geneviève rend la confiance et le calme aux Parisiens, effrayés de l'approche d'Attila* (voy. p. 44).

— Peintures de la grande nef, a gauche vis-a-vis le chœur, confiées à M. Meissonnier : — *Sainte Geneviève sauve Paris de la famine pendant le siège de cette ville par les Francs.*

— Peintures de la grande nef, a droite vis-a-vis le chœur, confiées à M. J.-P. Laurens : — *Les derniers moments de sainte Geneviève et ses funérailles* (voy. p. 46).

Peintures des bras de la croix. — Les peintures de la partie inférieure et principale des bras de la croix placent sous le regard des visiteurs les quatre grandes figures dont l'ensemble représente, d'une manière plus complète, et caractérise avec plus de fidélité le génie particulier de la nation française :

Clovis, Charlemagne, saint Louis, Jeanne d'Arc.

Quels noms et quelles âmes! Qui ne sent son cœur s'émouvoir et son front s'incliner en face des souvenirs tour à tour grandioses ou touchants que ces noms seuls évoquent! Et comme on comprend que les artistes de haute valeur, chargés de faire revivre à nos yeux la physionomie si puissante et si énergique des uns, si majestueuse et si sereine des autres, soient poursuivis, nous avons entendu cet aveu de la bouche de plusieurs, par la noble et inquiète préoccupation d'être au niveau de leur grande mission! Mais cet aveu, qui est celui de l'artiste devant l'idéal, est l'honneur du talent en même temps qu'un hommage rendu aux deux sources fécondes de l'art : la Religion et le Patriotisme.

— Peintures des bras de la croix, côté de la chapelle de Sainte-Geneviève, a gauche, confiées à M. J. Blanc : — *Clovis invoque au milieu de la bataille de Tolbiac le Dieu des chrétiens, il reçoit le baptême des mains de saint Remy* (voy. p. 47).

— Peintures des bras de la croix, côté de la chapelle de Sainte-Geneviève, a droite, confiées à M. H. Lévy : — *Charlemagne, vainqueur des Sarrasins, fondateur de l'Ecole Palatine, auteur des Capitulaires, est sacré empereur d'Occident par Léon III* (voy. p. 48).

— Peinture des bras de la croix, côté de la chapelle de la Sainte-Vierge, a gauche, confiées à M. Cabanel : — *Saint Louis, son éducation par Blanche de Castille, ses grandes œuvres, son caractère héroïque* (voy. p. 49).

— Peintures des bras de la croix, côté de la chapelle de la Sainte-Vierge, a droite, confiées à M. Baudry : — *Jeanne d'Arc, sa jeunesse, sa vie publique, sa mort* (voy. p. 51).

Peintures de la partie supérieure des parois de la grande nef et des bras de la croix. — Ces peintures, nous l'avons dit dans l'exposé général du programme, ont pour objet de compléter les grandes pages qui occupent la partie inférieure et principale des murailles de la grande nef et des bras de la croix. Dans ces peintures complémentaires, s'échelonnent, de siècle en siècle, des personnages éminents qui ont été mêlés, à des titres divers, à l'histoire de notre pays, et qui en sont restés l'immortel honneur. Pour fermer toute voie aux discussions qui fussent nées fatalement de l'adoption de tout autre ordre d'idées, on a choisi de préférence, parmi ces personnages, ceux que la postérité salue du titre de Saints, et qui joignent aux noms les plus populaires la gloire la plus pure et la mémoire la plus respectée. Ce choix, du reste, a été fait de manière à ce que toutes les provinces, et même la plupart des grandes villes de France, fussent représentées.

Les panneaux supérieurs de la grande nef comprennent les illustres et saints personnages qui ont vécu avant sainte Geneviève, du premier au cinquième siècle, c'est-à-dire pendant le temps où l'Évangile prenait progressivement possession des Gaules; les panneaux inférieurs des bras de la croix continuent cette succession de personnages, depuis le cinquième siècle jusqu'à nos jours. L'auguste Patronne de Paris sert, pour ainsi dire, de point de rencontre à ces deux phases de notre histoire. Sainte Geneviève est, en effet, pour la France, comme une floraison des premiers siècles chrétiens; après elle, sa douce et féconde influence semble présider à la prospérité et à l'honneur de notre pays, et y hâter, en quelque sorte, la maturité des fruits de l'Evangile.

Les dispositions et l'ordonnance de ces peintures ont été laissées au goût et à l'inspiration de chaque artiste. Les personnages qui y figurent sont représentés, soit isolément, soit par groupes, comme l'ont fait tour à tour les grands maîtres.

Il a été attribué une part un peu plus large aux illustres pontifes qui ont fondé les premières églises de France, et dont les noms sont restés si profondément gravés dans la mémoire des peuples; on a voulu en cela, obéir au sentiment de vérité et de justice qui faisait dire à l'un des plus célèbres historiens protestants (Grotius) : « Ce sont les évêques qui ont fait la France. »

Mais à côté de ces grands et saints personnages, il s'en trouve d'autres, pris dans tous les rangs, à tous les âges, dans toutes les situations de la vie : artisans et gentilshommes, princes et soldats, moines et paysans, jeunes filles et vieillards, docteurs et martyrs, de façon à ménager à l'artiste tous les contrastes désirables de figures, de caractères et de costumes.

Si nous ne nous trompons, cette Histoire Religioso-Nationale de la France, résumée, — d'un côté, dans les faits glorieux qui caractérisent le mieux le génie et l'action de notre pays; — d'un autre côté, dans les noms illustres de ceux dont le peuple a conservé plus fidèlement le souvenir, — se déroulera aux regards comme le plus imposant spectacle, qui n'aura d'égal dans aucun autre monument, dans aucun autre pays.

Peintures des deux chapelles. — Les peintures dont il va être question, dans cette partie du programme, sont, à certains égards, d'un ordre différent de celles que nous venons d'indiquer; elles s'y rattachent, toutefois, par un lien étroit. Les unes, en effet, mettent comme le dernier trait à l'histoire de la Sainte; elles ont pour objet : les miracles de sainte Geneviève, et les témoignages publics de reconnaissance que le peuple offre à sa puissante et bien-aimée Patronne. Les autres nous rappellent combien la France a produit de femmes chrétiennes, dignes de s'appeler les sœurs de la vierge de Nanterre.

— PEINTURES DE LA CHAPELLE DE SAINTE GENEVIÈVE, A DROITE ET A GAUCHE, DERRIÈRE L'AUTEL, confiées à M. Maillot; — à gauche : *Une procession de la châsse contenant les reliques de sainte Geneviève au quinzième siècle*; — à droite : *le Miracle des Ardents* (voy. p. 52).

— Peintures de la chapelle de la Sainte-Vierge, a droite et a gauche, derrière l'autel, confiées à M. Humbert; — à gauche, *sainte Blandine et sainte Radegonde*; à droite, *Jeanne Hachette* et *Mme Legras, fondatrice des Filles de la Charité* (voy. p. 53).

Outre les peintures dont nous venons de parler, les chapelles de Sainte-Geneviève et de la Sainte-Vierge comprendront chacune une tapisserie des Gobelins, qui occupera la partie de la muraille placée derrière l'autel. La composition des modèles de ces deux tapisseries a été confiée à M. Lameire (voy. p. 56).

Peintures du bas de l'Eglise. — Les réflexions que nous faisions plus haut, à propos des sujets de peinture choisis pour les deux chapelles, s'appliquent également ici. Les sujets de peintures qui occupent les deux panneaux avec archivolte, à droite et à gauche de l'entrée de l'église, se rattachent, par des liens étroits, aux divers sujets traités dans les autres parties de l'édifice; car ils nous montrent le Christianisme commençant dans les Gaules cette magnifique épopée d'enseignement et de martyre, dont la prédication et la mort du premier évêque de Paris seront une des premières et des plus émouvantes pages.

La première composition, à droite en entrant, confiée à M. Galland, est consacrée à *la Prédication de saint Denys* (voy. p. 54).

Dans la seconde composition, à gauche, en entrant, confiée à M. Bonnat, *Saint Denys couronne sa mission par le martyre.*

Nous nous rendrions coupable d'une omission aussi regrettable qu'injuste, si, en terminant cet exposé, nous ne donnions, au moins, un aperçu sommaire des travaux d'art décoratif confiés à M. V. Galland, et destinés à faire aux œuvres magistrales dont nous venons de parler, un encadrement ornemental qui les relève encore et en augmente, s'il est possible, la valeur et le mérite.

La tâche n'était pas sans difficulté. M. l'architecte du

Panthéon avait posé en principe que l'encadrement devrait s'accorder avec le genre et le ton des différentes compositions, éviter d'accuser aucun style qui ne serait pas en rapport avec le caractère des diverses époques auxquelles se rattachent les sujets traités. D'autre part, l'architecte demandait, avec raison, un genre de décoration ornementale dont la sobriété fût en harmonie avec la majesté sévère du monument. Pour satisfaire à cette double et légitime exigence, l'artiste a exécuté une ornementation de feuillages. Les bordures sont formées par des guirlandes d'une coloration neutre, que coupent, de distance en distance, des cartouches avec inscription explicative, et des monogrammes. Ce travail décoratif est du meilleur effet, et a trouvé une approbation unanime.

SCULPTURES

Les grandes figures sculptées qui doivent faire partie de la décoration de Sainte-Geneviève sont au nombre de douze. Plusieurs occupent déjà la place qui leur a été assignée. D'autres ne tarderont pas à prendre rang à leurs côtés. Tous les piédestaux sont terminés et n'attendent plus que les personnages auxquels ils sont destinés.

Ces piédestaux sont entièrement en pierre jaune de l'Echaillon (Isère). Deux seulement, à droite et à gauche de la grande porte, ont un socle en Echaillon blanc; le reste du piédestal est en Echaillon jaune. Cette pierre reçoit le poli comme le marbre, le ton en est beau, et elle s'allie parfaitement avec le caractère de l'édifice.

Voici, dans l'ordre proposé par M. le Directeur des Beaux-Arts, et adopté par M. le Ministre, les noms des personnages représentés, et les noms de MM. les artistes à qui l'exécution des statues a été confiée.

— *Statue de saint Denys*, sous le vestibule de l'église, à droite, en entrant, confiée à M. Perraud (voy. p. 58).

— *Statue de saint Remy*, sous le vestibule de l'église, à gauche en entrant, confiée à M. Cavelier (voy. p. 59).

— *Statue de saint Germain d'Auxerre*, adossée au pilier du dôme, faisant face à l'entrée, côté droit, confiée à M. Chapu (voy. p. 59).

— *Statue de saint Martin*, adossée au pilier correspondant, côté gauche, confiée à M. Cabet (terminée, après la mort de M. Cabet, par M. Becquet) (voy. p. 60).

— *Statue de saint Bernard*, adossée au pilier du dôme faisant face à l'abside, côté droit, confiée à M. Jouffroy.

— *Statue de saint Jean de Matha*, adossée au pilier correspondant, côté gauche, confiée à M. Hiolle.

— *Statue de saint Eloi*, adossée au pilier du dôme, faisant face à la chapelle Sainte-Geneviève, à droite, confiée à M. Mercié.

— *Statue de saint Grégoire de Tours*, adossée au pilier du dôme, faisant face à la même chapelle à gauche du dôme, confiée à M. Frémiet (voy. p. 61).

— *Statue de saint Vincent de Paul*, adossée au pilier du dôme, faisant face à la chapelle de la Sainte-Vierge, à droite, confiée à M. Falguière.

— *Statue du vénérable de la Salle*, adossée au pilier du dôme, faisant face à la même chapelle, à gauche, confiée à M. Montagny (voy. p. 62).

Deux autres statues, représentant, l'une, la Vierge Marie, l'autre, sainte Geneviève, occuperont la place d'honneur, dans les chapelles de ce nom.

M. Dubois est chargé de l'exécution de la première statue.

Celle de la Patronne de Paris a été confiée à M. Guillaume (voy. p. 62).

2° EXPLICATION DÉTAILLÉE DE CHAQUE SUJET DE PEINTURE ET SCULPTURE

PEINTURE

Abside : M. A.-E. Hébert. — Les grandes compositions de l'abside, nous l'avons dit dans le programme général, seront toutes exécutées en mosaïque. Tous les travaux préparatoires sont achevés dans la voûte sphérique, et l'œuvre proprement dite y est déjà en voie d'exécution.

Au milieu, dans le haut, debout, *le Christ montre à l'Ange de la France les grandes destinées du peuple dont il lui confie la garde.* De la main droite il fait un geste qui indique la Puissance Souveraine ; Il ordonne, Il règne, Il soumet : *Christus vincit, Christus regnat, Christus imperat.* Ces paroles seront écrites, en lettres d'or, sur la bande bleue qui sert de base à la composition.

A côté du Christ, la Vierge intercède pour la France, dans l'attitude des *Orantes* antiques. A gauche, un peu en arrière, l'Ange de la France, l'épée à la main, regarde l'avenir qui lui est révélé et attend la réalisation des grandes choses qui lui sont prédites. Près de lui, un genou en terre, se tient sainte Geneviève, vêtue de son costume traditionnel de bergère. La houlette dans la main droite, un agneau sous le bras, elle prie pour la ville de Paris, qui est représentée par le symbole si connu d'un vaisseau.

Au-dessus de cette composition en seront exécutées trois autres, également à fond d'or : — Baptême de Clovis par saint Remy en présence de sainte Clotilde ; le roi des Francs, vêtu de peaux d'animaux, est vaincu par le Christianisme. — La royauté française à son apogée; personnifiée dans saint Louis; la Justice et la Force se tiennent chacune d'un côté du trône. — Jeanne d'Arc entend des voix qui l'appellent à la délivrance de son pays; elle laisse tomber son fuseau, pour prendre l'épée et l'étendard.

Enfin, dans les deux panneaux longs qui touchent la base de l'abside, deux grands sujets compléteront la pensée de l'artiste.

Ces diverses compositions résument, dans une sorte de synthèse, les principales pages de notre histoire religieuse et nationale, qui se déroulera plus en détail le long des nefs de la Basilique.

Nef d'entrée à droite : M. Puvis de Chavannes. — Panneaux inférieurs : *La jeunesse et la vie pastorale de sainte Geneviève.*

Panneau isolé a droite. — L'artiste, dans cette première composition qui sert de préambule au sujet principal, nous présente la jeune Sainte en prière. Un groupe rustique, composé d'un bûcheron et de sa femme qui porte leur enfant, reste en contemplation derrière elle. Le personnage du premier plan ne s'entrevoit que de dos; mais l'ensemble de son attitude supplée à l'expression de la physionomie. On sent qu'il est là, immobile et retenu par le charme vraiment céleste d'un tel spectacle.

Du reste, la forme et le vêtement que l'artiste donne à la jeune enfant, appartiennent plus à l'ange qu'à la créature humaine; c'est une gracieuse vision, plutôt qu'une scène terrestre, qui s'offre aux regards du groupe naïvement ébahi.

Sujet principal comprenant les trois entre-colonnements à gauche. — Il s'agit ici de l'événement le plus marquant de la jeunesse de sainte Geneviève. C'est à l'heure où l'histoire prend, en quelque sorte, possession de sa vie, que la vierge de Nanterre nous est représentée. Saint Germain d'Auxerre l'a remarquée dans la foule qui l'entoure, et il prédit les hautes destinées auxquelles elle est appelée. Dans la pensée de l'artiste, ce n'est pas un vieillard et une enfant, ce sont deux grandes âmes en présence. C'est là, pour lui, le point culminant de sa composition. Derrière la Sainte, son père et sa mère écoutent, avec une émotion contenue, les paroles prophétiques du Pontife. Autour d'eux se groupent des gens de toutes conditions. A gauche, des bateliers se sont rapprochés de la rive pour contempler la scène. Pendant que, d'une cabane voisine, on apporte un adolescent malade pour le faire bénir et guérir par l'évêque; à droite, est un vieillard, roidi par l'âge, qui tente péniblement de s'agenouiller; puis une pauvre petite mendiante portant sur ses bras un enfant endormi; puis deux femmes qui se hâtent de traire une vache pour aller se joindre à la foule. Au fond, des potiers à demi-sauvages regardent avec curiosité ce spectacle nouveau pour eux.

L'action se passe entre le mont Valérien et les bords de la Seine. Tout dans le paysage est jeune et frais, comme la vierge de Nanterre elle-même. C'est le printemps, c'est le matin, c'est la nature dans toute la grâce de son premier épanouissement.

Panneaux supérieurs : panneau isolé a droite. — La Foi, l'Espérance, la Charité, veillent sur un berceau placé à leurs pieds. Dans ce berceau repose la jeune enfant qui sera un jour la bienfaitrice de Paris et sa bien-aimée Patronne; auprès d'elle, un agneau, non seulement symbole de son innocence, mais encore emblème de cette vie pastorale qu'elle mena dans les premières années de sa vie, et dont l'idée se rattache tout naturellement à son souvenir. Les trois figures, peintes dans une tonalité très claire, se détachent vigoureusement sur un fond d'or.

Panneaux a gauche. — Dans les trois panneaux, audessus de la grande composition des entre-colonnements inférieurs, commence le défilé des Saints populaires de la France.

Ces Saints, comme on l'a vu dans le programme général (p. 36), sont pris dans toutes les conditions, à tous les âges, dans toutes les situations de la vie. Chaque province et même la plupart des grandes villes sont représentées par ceux dont le nom y est resté l'objet d'un culte persévérant et d'un impérissable souvenir. Au-dessus de chaque personnage, sur le fond d'or de la toile, est inscrit le nom de chacun en lettres antiques.

Voici l'ordre dans lequel sont placés les Saints qui ont été indiqués à M. Puvis de Chavannes, et dont il a caractérisé, sous des formes aussi variées que vivantes, la personnalité respective.

Premier panneau : saint Paterne, de Vannes; saint Clément, de Metz; saint Firmin, d'Amiens; saint Lucien, de Beauvais.

Deuxième panneau : saint Lucain, en Beauce; saint Martial, de Limoges; sainte Solange, du Berry; sainte Madeleine et saint Marthe, de Provence; sainte Colombe, de Sens; saint Crépin et saint Crépinien, de Soissons.

Troisième panneau : saint Saturnin, de Toulouse; saint Julien, de Brioude; saint Austremoine, de Clermont; saint Trophime, d'Arles; saint Paul, de Narbonne.

Nef d'entrée, à gauche. — M. E. Delaunay.

Panneaux inférieurs : *Sainte Geneviève rend la confiance et le calme aux Parisiens effrayés de l'approche d'Attila.*

Panneau isolé, a gauche. — Attila, à cheval, est en marche sur Paris. Il est suivi de son armée qui se déploie dans des gorges resserrées, le long desquelles on aperçoit des villages incendiés. A ses côtés, des chefs, des soldats sont chargés d'objets provenant du pillage, et célèbrent leurs exploits en sonnant de la trompette. Au premier plan, des cadavres.

SUJET PRINCIPAL, comprenant les trois entre-colonnements à droite. — Dans le panneau central, sainte Geneviève, entourée de femmes qui s'assemblent avec elle pour prier, debout sur les degrés qui conduisent au baptistère, cherche à calmer la population affolée de terreur à la nouvelle de l'approche d'Attila. Animée de l'esprit d'en haut, elle affirme que le *Fléau de Dieu* n'entrera pas dans Paris et que tout danger sera écarté. Ce langage de la Sainte excite dans la foule des sentiments divers : les uns la menacent et veulent lui jeter des pierres; d'autres tiennent des cordes pour la lier et la jeter à la Seine; d'autres encore préparent un bûcher et attisent le feu pour la brûler comme sorcière.

Le panneau à gauche est occupé par différents groupes qui discutent avec animation; ils se relient au groupe principal en passant derrière la colonne.

Plus loin que cette foule, des gens conduisant un chariot rempli d'objets de toutes sortes se disposaient à fuir; ils s'arrêtent aux paroles de paix et d'espérance qu'ils viennent d'entendre.

A droite, agenouillés sur les marches du baptistère, ceux qui croient à la haute vertu de Geneviève et ont foi dans sa prédiction, embrassent le bas de sa robe. Dans le lointain, on voit l'archidiacre *Sédulius*, envoyé par saint Germain d'Auxerre, et arrivant au milieu même de la crise. Le grand évêque a voulu, avant de mourir, donner à la Sainte un dernier témoignage de son estime; il lui envoie des Eulogies, ou pains bénits, qui sont dans l'Eglise un signe d'union et de charité, et du fond de la tombe, il couvre encore la vierge de Nanterre de sa puissante et efficace protection.

Nef du fond, à droite. — M. J.-P. Laurens.

Panneaux inférieurs : *Les derniers moments de sainte Geneviève, et ses funérailles.*

Sujet principal compris dans les trois entre-colonnements à gauche : Les derniers moments de sainte Geneviève. — Dans cette composition, l'artiste a groupé autour de la Sainte sur le point d'expirer toutes les figures caractéristiques qu'offre cette époque à demi-barbare ,et qu'éclaire un dernier reflet de la civilisation romaine. Ecartant tous les détails inutiles, il a laissé à cette grande scène, par la nature et l'expression des personnages qui y figurent, toute la majesté sévère qui lui convient.

La femme assise, qui occupe l'entre-colonnement de droite, représente sainte Clotilde, veuve du roi Clovis, et unie à sainte Geneviève par les liens de l'amitié la plus étroite. Une autre femme, de race gallo-romaine, est placée au centre de la composition; elle est vêtue de noir, et présente ses deux enfants à la Bienheureuse. Cette femme ne peut être vue que de dos; elle est placés près du lit autour duquel se pressent le peuple, les pauvres, les malheureux, tous à genoux, pleurant celle qui les a toujours soulagés et consolés. Deux jeunes vierges soutiennent les bras de la mourante; elle veut encore bénir ceux qui sont là auprès d'elle, et particulièrement les enfants qui figurent au premier rang, et qui personnifient les générations à venir. Riches et pauvres, nobles et esclaves, vieillards et enfants, matrones et jeunes filles, prêtres et soldats, tous sont réunis dans un même sentiment de douleur.

Un évêque même s'incline pour recevoir de la Sainte une bénédiction qu'il transmettra aux fidèles. Le Pontife, en vêtements blancs, fait un vif contraste avec un barbare à demi-nu prosterné dans le plus profond recueillement.

Dans le panneau de gauche, une femme debout, tourne ses regards vers la Sainte et semble l'implorer.

Tout en conservant dans l'ensemble de cette composition un caractère général de gravité religieuse, l'artiste, comme nous l'avons dit, a voulu y réunir tout ce que les costumes et surtout les physionomies de l'époque pouvaient offrir de plus varié et de plus pittoresque, de plus caractéristique et de plus saisissant.

PANNEAU ISOLÉ A DROITE : *les Funérailles de Sainte Geneviève.*

Bras de la croix, côté de la chapelle de Sainte-Geneviève, à gauche. — M. J. BLANC.

PANNEAUX INFÉRIEURS : *Clovis.*

SUJET PRINCIPAL comprenant les trois premiers entre-colonnements : *Bataille de Tolbiac.* — A gauche, les Allemands s'avancent au galop des chevaux; leur roi, menacé par l'archange saint Michel, détourne son cheval et s'apprête à fuir. Dans les airs, l'archange Raphaël tient déployé l'étendard de la croix, avec lequel il repousse les lances des ennemis.

A droite, Sigebert, roi des Ripuaires, atteint d'une blessure au genou, est forcé de quitter le combat; on le porte à l'écart, et le désordre se met parmi ses soldats qui fuient vers les chariots gardés par les femmes. Celles-ci repoussent les fuyards; l'une d'elles, dans son désespoir, jette son fils au milieu d'eux, préférant le voir mort, que de l'entendre appeler le fils d'un lâche.

Dans le ciel, un ange montre le Tout-Puissant qui vient en aide aux Francs, et leur rend le courage. C'est l'épisode que représente le panneau du milieu.

L'artiste nous met sous les yeux Clovis dont les troupes ont reculé déjà par trois fois, et son fils Thierry désarçonné, cherchant à repousser le cheval qui va lui passer sur le corps. Le chef des Francs pense alors au Dieu dont lui a parlé Clotilde; il lève les yeux au ciel, étend les bras et jure de se faire chrétien si la victoire couronne ses armes. Sa prière est entendue. Le Christ entr'ouvre, d'une main, les nuées pour livrer passage aux légions célestes; de l'autre, il indique à celles-ci l'armée qu'elles doivent mettre en fuite. Des anges sonnent de la trompette; l'un d'eux tire l'épée; du milieu des nuages, d'autres lancent des foudres. La victoire est à Clovis.

Panneau isolé a droite : *le Baptême de Clovis.* — Clovis victorieux remplit sa promesse. Il est debout dans la piscine, vêtu de blanc comme les néophytes. Derrière lui, saint Remy, tenant de la main droite la coquille qui renferme l'eau baptismale, s'apprête à répandre cette eau sacrée sur la tête du roi franc; le Pontife, les yeux levés vers le ciel, laisse éclater la joie de son âme, et remercie le Très-Haut pour un événement si heureux et de si capitale importance. Clotilde, à genoux, unit sa reconnaissance et ses prières à celles du saint évêque de Reims. Un compagnon de Clovis garde les vêtements et les armes du Roi; d'autres guerriers se dépouillent de leurs vêtements pour recevoir à leur tour le baptême. Les trompettes retentissent et célèbrent le grand acte qui fait de la France, désormais, une nation vouée au Christ.

Bras de la croix, côté de la chapelle de Sainte-Geneviève, à droite. — M. H. Lévy.

Panneaux inférieurs : *Charlemagne.*

Panneau isolé a gauche. — Charlemagne est assis sur son trône, au sommet d'un escalier qui conduit au portique du palais. A sa droite, la Religion soutient la croix; la Gloire la couronne. Autour de lui se pressent les hommes célèbres de son temps, évêques, savants, paladins. Un moine lui présente un manuscrit précieux qu'on vient de découvrir au milieu d'antiques ruines. Au bas de l'escalier, d'autres moines initient de jeunes enfants aux sciences et aux lettres.

Sujet principal, comprenant les trois entre-colonnements à droite : *Couronnement de Charlemagne par Léon III, dans l'ancienne basilique de Saint-Pierre.* — La scène se développe de profil, de droite à gauche. Au centre, Charlemagne, suivi de sa cour, gravit la première marche de l'autel. Léon III, entouré du clergé s'avance à la rencontre du monarque, sur la tête duquel il va déposer la couronne. Un groupe d'évêques entoure les degrés de l'autel; les pontifes, assis sur trois rangs, ferment la composition en bas et à gauche. Derrière Charlemagne, ses fils Charles et Pépin, et les princesses ses filles, portent les présents destinés au Souverain Pontife; les soldats qui précèdent lèvent leurs épées et font flotter les étendards. La composition est fermée, à droite et au fond, par la foule du peuple acclamant Charles-Auguste, empereur d'Occident. Une porte, ouverte dans la perspective du transept, laisse entrevoir la ville de Rome. Enfin, au sommet du panneau central, au-dessus du groupe formé par le Pape et l'Empereur, saint Pierre, soutenu par des anges, bénit et consacre le dévouement et l'amour de la France pour l'Église.

Bras de la croix, côté de la chapelle de la Sainte-Vierge, à gauche. — M. A. Cabanel.

Panneaux inférieurs : *Saint Louis.*

Cette page de notre histoire occupe quatre entre-colonnements.

— Entre-colonnement de gauche : *La reine Blanche de Castille dirige l'instruction de son fils.* — Elle est secondée dans cette noble tâche par les prélats et les savants qui l'entourent. Les efforts communs donneront à la France un héros et un saint.

Les deux entre-colonnements du milieu contiennent le sujet principal qu'on pourrait désigner sous ce titre : *Les grandes Œuvres de saint Louis.* — Le roi rend la justice; il est entouré des personnages les plus distingués par leur mérite et leurs vertus; ces personnages sont pris dans toutes les conditions : gens d'Église, juristes, érudits et théologiens. Sur les degrés du trône, un accusé, un coupable peut-être, se tient agenouillé, le visage caché dans ses mains; auprès de lui, ses proches, dans une posture suppliante, font appel à la justice du roi, ou implorent sa clémence.

Au milieu du groupe du premier plan, à gauche, Etienne Boileau, prévôt de Paris, et mandataire de saint Louis, préside à l'abolition des combats judiciaires; Il réconcilie les adversaires, tandis qu'un homme d'armes repousse un ouvrier qui s'apprêtait à subir la barbare épreuve du feu.

Plus loin, une orpheline, assise sur la première marche d'un palier, attend avec confiance que le monarque étende sur elle cette puissante et royale protection qui ne laisse aucune misère sans soulagement, aucune infortune sans secours.

Cette figure se rattache au groupe du milieu, où la Foi chrétienne est personnifiée par une famille éplorée qui n'espère plus qu'en l'efficacité de la vertu du saint roi, pour rendre à la santé la jeune malade couchée sur une civière : s'il laisse tomber un regard de compassion sur leur fille, les pauvres gens se tiennent pour assurés de sa guérison.

Sur le palier, à droite, des chevaliers revenus aveugles de Palestine, et conduits par un enfant, rappellent la fondation des Quinze-Vingts.

Du même côté, sur le premier plan du tableau, Robert Sorbon explique à de jeunes écoliers les statuts de l'établissement qui porte encore son nom.

Plus loin, les Corporations des métiers de Paris, avec leurs bannières. Au fond, sur une estrade, sont assis les barons, les prélats, les jurisconsultes, etc.

L'artiste place cette grande scène qui résume l'œuvre de saint Louis sous ses aspects les plus connus, dans la Sainte-Chapelle, élevée par les soins du roi lui-même.

— Entre-colonnement à droite : *Saint Louis, prisonnier en Palestine.* — Le roi, malade, brisé par la captivité, s'appuie sur son chapelain pour recevoir les Sarrasins qui se présentent en foule au seuil de sa tente. Ceux-ci, l'épée encore teinte du sang de leur Soudan qu'ils ont massacré, viennent apporter au roi de France les insignes de la souveraineté et lui offrir de régner sur eux. L'air calme et magnanime de leur captif, la majesté sereine de son maintien et de son regard, leur imposent et augmentent encore l'admiration qu'ils professent pour lui. C'est le roi, le chrétien, le chevalier, qui apparait à leurs yeux dans toute sa simplicité et dans toute sa grandeur.

Bras de la croix, côté de la chapelle de la Sainte-Vierge, à droite. — M. P. Baudry : *Jeanne d'Arc.*

Les sujets représentés renfermeront, dans leur ensemble, tout ce qui se rattache à la vie et à la mission de Jeanne d'Arc, ils seront disposés dans l'ordre suivant :

1° — Vision.

2° — Entrevue avec le roi à Chinon.

3° — Prison.

4° — Supplice.

5°, 6°, 7°. — Procession, marche des chevaliers qui apportent la sainte ampoule.

Chapelle de Sainte-Geneviève, à droite et à gauche derrière l'autel. — M. Th. MAILLOT.

PANNEAUX INFÉRIEURS A GAUCHE : *Une procession de la châsse de Sainte-Geneviève, au quinzième siècle.*

Le sujet, dont les détails ont été puisés dans les manuscrits de la bibliothèque de Sainte-Geneviève, représente l'une des plus célèbres processions de la châsse de Sainte-Geneviève, pour obtenir la cessation des pluies, le 12 janvier 1496. La scène se passe au bas de la montagne Sainte-Geneviève, où se trouve aujourd'hui le marché de la place Maubert.

Erasme, malade de la fièvre, y assistait; dans la composition, on le reconnaît immédiatement au premier plan. Voici ce qu'il dit dans une épître à Nicolas Werner : « Il y a trois mois qu'il pleut ici, sans cesse. La Seine, étant sortie de son lit, a inondé la campagne et la ville. La châsse de Sainte-Geneviève a été descendue et portée en procession à Notre-Dame. L'évêque, accompagné de son clergé et du peuple, est venu au-devant. Dans cette auguste cérémonie, les chanoines réguliers, précédés de leur abbé, marchant nu-pieds, conduisaient les reliques, et quatre porteurs en chemise étaient chargés de ce précieux fardeau. Depuis ce temps le ciel est si serein qu'il ne peut l'être davantage. »

Conformément à ces données, l'artiste a représenté les bourgeois de Paris à qui avait été dévolu le droit de porter la châsse de Sainte-Geneviève, en chemise, couronnés de fleurs et de feuillage. L'évêque, avec une mitre dorée, est à gauche de l'abbé de Sainte-Geneviève, en mitre blanche. Puis viennent le lieutenant civil et militaire, en armure; le prévôt des marchands, le prévôt de Paris, magistrat à la fois civil et militaire, représentant le roi; le capitaine des gardes suisses marchant devant la châsse, à côté d'un chanoine de Notre-Dame, etc. Tous ces personnages occupent, dans la composition, la place qui était assignée à chacun d'eux dans la procession. Celle-ci, comme l'indique un extrait des registres du Parlement, relatif à la cérémonie, se termine par les tambourins du roi, fanfares, fifres et trompettes.

La châsse de Sainte-Geneviève était souvent précédée par d'autres châsses; un grand nombre de religieux et de corporations lui faisaient cortège. L'artiste a choisi entre tous ces détails ceux qui lui ont paru de nature à offrir un plus grand intérêt, et à donner une idée plus fidèle de ces processions qui avaient, à un si haut degré, le don d'émouvoir nos pères.

Chapelle de la Sainte-Vierge, à droite et à gauche, derrière l'autel. — M. Ferd. Humbert.

Panneaux intérieurs : *Les grandes Femmes chrétiennes de la France.*

Dans quatre compositions, à droite et à gauche de l'autel, l'artiste fait passer sous nos yeux la femme française dans ses différentes conditions : sainte Blandine et Jeanne Hachette, sainte Radegonde et Mme Legras, fondatrice des Filles de la Charité; c'est-à-dire la bourgeoisie et la noblesse, la fille du peuple et la souveraine, vouant leurs affections et leur vie à ces grandes choses qu'on nomme : la Foi, le Patriotisme, l'Amour des Sciences et des Lettres, le Dévouement.

Sainte Blandine, martyre à Lyon. — C'est le courage intrépide à confesser la vérité, même en face de la mort. La scène se passe dans l'amphithéâtre, en présence du gouverneur romain, et devant une immense multitude. Au premier plan, la Sainte, traînée sur le sable par les bourreaux, va être livrée à un taureau furieux. — Elle regarde le ciel, et aperçoit un Ange qui lui apporte la palme du martyre.

Sainte Radegonde, dans son monastère à Poitiers. — C'est la dignité du caractère, jointe au plus vif amour des sciences et des lettres. Elle est représentée au moment où, s'arrêtant dans la cour du cloître, elle s'assied avec deux de ses compagnes, à l'ombre d'un arbre, sur la margelle d'un puits, pour écouter une lecture que fait le poète Fortunat. Un groupe de docteurs et de savants complètent l'auditoire. Au fond, sous les arcades, des religieuses s'occupent de divers travaux. Tout, dans cette scène, respire une douce sérénité et le calme profond du cloître.

Jeanne Hachette, au siège de Beauvais. — L'héroïne est animée, pour la défense de la patrie, d'une énergie et d'un courage qui se communiquent à tout ce qui l'entoure. Sa voix électrise le peuple qui la suit en foule. Arrivée sur les remparts, elle arrache le drapeau ennemi qui y a été planté, et précipite dans les fossés les premiers assaillants qui avaient pénétré dans la ville.

Mme Legras, nièce d'un garde des sceaux de France, fondatrice des Filles de la Charité. — Elle est représentée visitant de pauvres paysans que la famine et la maladie ont réduits à la dernière extrémité. Elle leur apporte des secours de toutes sortes; elle les fortifie et les console par ses douces et maternelles paroles.

Panneau avec archivolte, à l'entrée de l'église, côté gauche : *La prédication de saint Denys*, par M. V. Galland.

La scène se passe sur un monticule. Au premier plan, des femmes et des jeunes filles apportent de grands vaisseaux en terre pour puiser de l'eau à la source voisine.

Au second plan, apparaît saint Denys dominant la foule, dont une partie l'entoure et dont l'autre s'échelonne sur le versant de la colline. L'apôtre des Gaules annonce l'Evangile avec une dignité et une force que tempère l'air de bonté qui est empreint sur toute sa personne. On lit, sur le visage de ses auditeurs, les impressions diverses que cause à chacun d'eux la parole évangélique. Les uns sont touchés; des sentiments nouveaux traversent leur âme; ils éprouvent des émotions inconnues jusqu'alors. D'autres se montrent indifférents, et retournent tranquillement chez eux avec l'eau qu'ils ont puisée. Un certain nombre s'arrêtent pour mieux écouter, et paraissent tout à la fois heureux et inquiets, à l'enseignement des vérités qui frappent leurs oreilles.

Ici, un homme fait boire des enfants qui ont soif, et applique, dès maintenant, les préceptes de cette charité qu'inaugure l'Evangile. Là, une jeune mère regarde avec tendresse le fils qu'elle tient dans ses bras; l'auréole qui brûle autour de la tête de l'enfant est un présage de sa prédestination au martyre. A côté, un nouveau-né est présenté au Pontife, tandis qu'une vieille femme, qui entend parler pour la première fois de la vie éternelle, cherche à se rapprocher plus encore du prédicateur, et recueille avec une sorte d'avidité les enseignements qui sortent de ses lèvres.

Pendant que saint Denys dispense la parole sacrée, on conduit de tous côtés, vers lui, des infirmes, des malades, des paralytiques; le Saint lève les bras vers le ciel, et demande à Dieu de confirmer par des prodiges la vérité de la doctrine qu'il annonce; sa prière est exaucée; tous ces affligés s'en vont guéris et consolés. Aussi le saint évêque n'aura-t-il pas fini de parler, que tout ce qu'il y a, dans cette multitude, d'âmes droites et de cœurs sincères, se rendra à sa parole et confessera courageusement le nom du Christ Jésus. La source, qui est près de là, fournira l'eau baptismale, avec laquelle saint Denys et ses compagnons, Rustique et Eleuthère, régénéreront les nouveaux convertis.

TAPISSERIES DES GOBELINS

D'APRÈS LES CARTONS ET MODÈLES DE M. CH. LAMEIRE

Comme nous l'avons indiqué (p. 38), chacune des deux chapelles du transept de la basilique Sainte-Geneviève sera ornée, dans le panneau isolé du fond, d'une tapisserie des Gobelins, déjà en cours d'exécution à la manufacture. Ces tapisseries ont 9m.39 de haut sur 3m.81 de large.

Chapelle Sainte-Geneviève. — La tapisserie destinée à cette chapelle affecte le style de Louis XV, afin de rappeler l'époque de l'édification du monument; ce style est relevé toutefois par les éléments plus vigoureux du style Louis XIII.

L'ornementation s'enlève en clair sur un fond pourpre chaud. La bordure, avec le même fond, offre un quadrillé rehaussé en clair avec des rosaces intercalaires.

Le motif supérieur de la tapisserie représente la médaille de bronze donnée par saint Germain à Geneviève enfant. Des guirlandes de fleurs et de feuillages partent de ce point pour se dérouler et s'attacher à la bordure; elles forment dais, et couronnent le motif principal, qui est conçu dans l'esprit des grands motifs d'armes de France avec pavillon et tenants, connus sous le nom de « *grandes chancelleries* ». L'écu des armes de la ville dont sainte Geneviève est la patronne, occupe le milieu d'un cartouche bouclier aux écailles d'or.

Un agneau, entouré de gerbes et de fleurs des champs, repose sur un lambrequin vert agrémenté d'or, et occupe la place des honneurs.

De chaque côté du cartouche et sortant de gaines y attenantes, sont représentées en grisaille-camaïeu : le

Courage civique symbolisé par un Franc chevelu, qui tient la framée et le casque ailée; la *Bienfaisance*, sous les traits d'une jeune femme voilée, distribuant des pains aux pauvres. En bas du cartouche, sur un *volumen* déployé et volant, la devise : PRO PATRIA. Au-dessous, un lion de face, aux ailes étendues, symbole de la force. Sa queue double donne naissance à de gigantesques rinceaux camaïeu-coloris qui, en se déroulant, forment l'ornementation principale. La tapisserie est terminée par une large litre, formée de guirlandes de chêne.

Chapelle de la Sainte-Vierge. — La tapisserie du fond de cette chapelle offre, dans l'ornementation et la disposition, une grande similitude avec celles de la chapelle de Sainte-Geneviève; le ton de la tenture est bleu; des guirlandes sont formées de roses, de lys et de pivoines.

A la partie supérieure de la tapisserie est placée une couronne de roses blanches.

Le monogramme de la sainte Vierge, placé au milieu de l'écu, est surmonté d'une couronne d'étoiles rayonnantes. — Deux figures d'anges ailés, sortant de gaines, tiennent le cartouche. Sur un *volumen* déployé on lit ces paroles : *Ave Maria, gratia plena,* prononcées par l'ange Gabriel qui se voit, au-dessous, incliné, les ailes étendues, comme au jour l'Annonciation.

Derrière l'ange, des rinceaux en camaïeu-coloris, courent sur le fond. Au bas, une large litre avec grecque, et trois guirlandes de térébinthe, symbole de la pureté immaculée de la Mère de Dieu.

SCULPTURES

Statue de saint Denis, sous le vestibule de l'Église, à droite, en entrant : par M. J.-J. Perraud.

L'artiste, en représentant saint Denis, le regard et les yeux élevés vers le ciel, a voulu exprimer la foi ardente et la noble magnanimité de l'apôtre qui vient, presque seul, convertir tout un peuple et conquérir la Gaule entière à l'Evangile. Le geste prêté à saint Denis est le fruit d'un souvenir de Rome. Tous ceux qui ont assisté au grandiose spectacle de la bénédiction papale donnée par Pie IX du haut du Vatican, savent qu'à ce moment, il règne dans la multitude une émotion religieuse à laquelle les plus indifférents ne peuvent se soustraire. Le Saint-Père, dans ces circonstances solennelles, est apparu à l'artiste tout à fait dans l'attitude où il représente l'apôtre des Gaules. Le caractère énergique qui est imprimé à la tête du Saint, comme à tout l'ensemble de la statue, rappelle le philosophe antique et le magistrat d'Athènes; l'artiste a suivi en cela la tradition de la liturgie parisienne, qui veut que le premier évêque de Paris ait été saint Denis l'Aréopagite. Le vêtement se compose de la tunique et du manteau dont on trouve des modèle dans les peintures des Catacombes de Rome. Le manteau, complètement rond, offre, au centre, une ouverture pour passer la tête, et retombe en plis abondants jusqu'aux genoux.

Aux pieds du Pontife, légèrement dissimulée par le bord du manteau, une tête mitrée est soutenue par deux mains : l'artiste a voulu par là, faire allusion à la légende si connue, touchant le prodige qui aurait suivi le martyre de saint Denis.

Statue de saint Remy, sous le vestibule de l'église, à gauche, en entrant : par M. Cavelier.

Cette statue, comme la précédente, mesure 2 mètres 80 centimètres de haut, avec la plinthe.

Le grand Evêque est représenté revêtu de ses ornements pontificaux, la mitre en tête; il vient de recevoir la sainte ampoule qu'un ange lui a apportée, et qu'il tient dans la main droite. Son bras est encore levé. Le mouvement général du corps, l'expression du visage, tout jusqu'au geste qui anime la main gauche, respire dans le Pontife l'enthousiasme et la foi.

Son regard extatique semble remercier Dieu du prodige qu'il vient d'opérer, en faveur du premier roi des Francs. Il entrevoit les grandeurs futures de la nation qui doit être surnommée la Fille Aînée de l'Eglise.

La crosse épiscopale est près du Pontife, et repose sur des livres.

Statue de saint Germain d'Auxerre, adossée au pilier du dôme faisant face à l'entrée, côté droit : par M. L. Chapu.

L'artiste a pris pour motif de sa statue le fait si connu qu'un ancien historien de la Sainte, rapporte en ces termes : « ... Germain aperçut à terre une pièce de monnaie de cuivre sur laquelle était empreinte la figure de la croix; il la ramassa aussitôt, et la donna à Geneviève, en lui disant : « Prenez-la, en souvenir de moi; « qu'elle soit votre seule parure et vos seuls bijoux. »

L'Evêque tient la main droite appuyée sur la tête de l'enfant; de l'autre main, il donne à Geneviève la médaille qu'il vient de ramasser. L'humble vierge (elle n'a que sept ans encore), confuse de l'intérêt que lui témoigne un si grand pontife, avance timidement les deux mains pour recevoir le don qui lui est offert.

L'intérêt de ce groupe existe surtout dans l'opposition des deux figures. D'un côté, l'Evêque en mitre, tête intelligente et austère, d'une vigueur contenue et sereine; de l'autre, la sainte enfant, modestement vêtue, à l'air candide, à l'attitude simple et gracieuse, ayant déjà je ne sais quoi de grave et d'inspiré dans toute sa personne.

Statue de saint Martin, adossée au pilier du dôme, faisant face à l'entrée, côté gauche : par M. Cabet (terminée par M. J. Becquet).

L'exécution de cette statue avait été confiée à M. Cabet; la mort lui a permis à peine d'ébaucher son œuvre. Sur le désir qu'il avait exprimé à sa dernière heure, l'administration des Beaux-Arts a confié à M. Becquet le soin de terminer la statue, ou, pour parler plus exactement, de faire une statue nouvelle, au moins, en ce qui concerne le principal personnage. M. Becquet, obéissant à un sentiment de délicatesse et de fidèle amitié qui l'honore, a cru devoir prendre, pour point de départ, le groupe que son prédécesseur avait composé et commencé; mais il en a fait une œuvre véritablement à lui par les modifications considérables qu'il a apportées non seulement aux dimensions, mais encore à l'ordonnance du groupe, aux draperies et au costume lui-même. Le Saint est représenté au moment où, après avoir coupé son manteau en deux, il en laisse tomber la moitié sur l'enfant qui implore sa compassion; la main gauche retient l'autre moitié, tandis que la main droite est encore armée de l'épée qui vient d'opérer ce partage. On lit, sur le visage du Saint, tout ce qu'il y a dans son cœur d'intérêt et de pitié pour le jeune enfant. Celui-ci est placé un peu en avant, de manière à ce que son visage puisse être vu facilement de face et par côté. Sa posture exprime un double sentiment. En même temps qu'il se couvre de la portion du manteau qui lui a été donnée, il remercie du regard le généreux donateur. Auprès de lui est une sébille dans laquelle ont été jetées quelques pièces de monnaie; l'artiste a voulu marquer par là, d'une manière plus sensible, la misère de l'enfant, et la pensée de charité à laquelle Martin a obéi.

Statue de saint Grégoire de Tours, adossée au pilier faisant face à la chapelle de Sainte-Geneviève, à gauche : par M. Fremiet.

A première vue, on sent que l'artiste a eu l'intention marquée de représenter l'illustre Pontife sous le caractère militant. A cet effet, il lui fait tenir, dans la main droite, la crosse épiscopale avec un air de dignité particulière et d'invincible fermeté. Cette crosse est formée d'une branche d'épines, pour mieux rappeler l'intrépide soldat du Christ. C'est bien là celui qui défendit si énergiquement l'évêque Prétextat, accusé devant le concile de Paris; c'est bien là encore celui dont l'âme courageuse ne craignait pas d'affronter le courroux de Chilpéric et de Frédégonde, en offrant au jeune Mérovée un asile auprès du tombeau de saint Martin.

Dans la main gauche, saint Grégoire tient son œuvre historique, la plus importante : *Historia Francorum*.

La mitre est de forme sphérique, coupée en deux par un galon, comme les évêques la portaient, à cette époque.

Une petite église placée un peu en arrière, et comme sous la protection du Saint, représente l'édification de l'Eglise catholique sur les ruines de l'Empire Romain, dont nous trouvons le symbole dans un bloc à demi brisé, où se trouvent encore la louve et l'inscription célèbre : S P Q R.

Aux pieds du Saint est placée une banderole qui porte le nom de plusieurs de ses œuvres.

Statue du vénérable de la Salle, adossée au pilier du dôme faisant face à la chapelle de la Sainte-Vierge, à gauche : par M. Montagny.

Le Fondateur des Frères des Ecoles chrétiennes est représenté dans l'exercice même des modestes fonctions que devront remplir, après lui, les membres de son Institut. Il donne à deux jeunes enfants les premiers éléments de l'instruction. L'un de ces enfants appartient à la ville; l'autre est le fils d'un habitant des campagnes. On sent, au travail recueilli du premier, à la façon si simple et si aisée avec laquelle le regard du second demande l'explication d'une chose qu'il ne comprend pas, que le vénérable instituteur a leur confiance entière. Un instinct secret et qui ne trompe pas, leur fait comprendre qu'ils ont dans ce maître un père, un ami dont la tendresse et le dévouement ne leur failliront point.

Statue de sainte Geneviève, par M. E. Guillaume.

Les statues que nous connaissons de sainte Geneviève la représentent, d'ordinaire, dans les premières années de sa vie. C'est la Vierge de Nanterre, toute jeune encore, c'est la fille de Sévère et de Géronce, à peine sortie de l'adolescence, que le statuaire a offerte jusqu'ici, le plus souvent, à nos regards. L'auteur de la statue qui doit occuper la place d'honneur dans la chapelle Sainte-Geneviève, est sorti de cette tradition: Il nous présente la Patronne de Paris, sous les traits, non d'une jeune fille, mais d'une femme dans la maturité de l'âge, à l'époque de sa vie, par exemple, où son courage et son dévouement sauvèrent ses concitoyens de la famine à laquelle les avait réduits le siège de leur ville par les Francs.

Elle porte le long manteau à capuchon des paysannes des environs de Paris. Dans sa main droite est la

Naufe parisienne. De la main gauche elle tient son bâton pastoral. Cette manière de comprendre sainte Geneviève imprime tout naturellement à sa statue un caractère d'autorité qui, sans altérer l'expression de bonté et de mansuétude que la physionomie de la Sainte conserva toujours, accuse nettement la puissante et salutaire influence dont ses vertus la firent jouir auprès de tous.

(Au moment où cette Notice va paraître, nous apprenons que M. E. Guillaume vient d'être appelé à la direction des Beaux-Arts. Nous ne pouvons que nous féliciter de voir l'œuvre de décoration, commencée dans l'église Sainte-Geneviève, remise entre de pareilles mains.)

PARIS. — E. DE SOYE ET FILS, IMPRIMEURS, 18, RUE DES FOSSÉS-SAINT-JACQUES.

www.ingramcontent.com/pod-product-compliance
Lightning Source LLC
LaVergne TN
LVHW010622110826
845149LV00003B/1013

9782019551926